for sewing

パターンに合うテキスタイルが選べる

服地事典

Textile Book

Mパターン研究所　監修

日本文芸社

はじめに

色柄豊富で、織りや素材感も魅力的で、
ソーイング好きのかたなら、コレクションしている人も多い服地。
素敵な服地に出合えると、どんな服を作ろうかと心が躍ります。
しかし、好みの服地を買って服を仕立てても、
なんだかしっくりこない……ということはありませんか？

「思ったよりもボリュームが出て太く見える」
「なんだかギャザーのイメージが違う」
「どこか野暮ったい」

こうした悩みにぶつかっているとしたら、
パターンと服地が合っていないのかもしれません。
服地選びは、服の完成度を左右する
とても重要なポイントなのです。

この本では、パタンナーの視点から、
意外と知る機会のない
パターンに合う服地の選び方について解説します。

また、服地の素材について知ることも大切です。
素材の特徴や構造がわかると
服のビジュアル的な美しさに加えて、
着心地や扱いやすさも考えて服地を選べるようになり、
もっと理想の服に近づけることができるでしょう。

次は何を作ろう？
アパレルのような洗練された服が作りたい……！

この本が、ワクワクするソーイング計画のそばにあり、
「作りたい」を形にする一助となりますように。

Contents

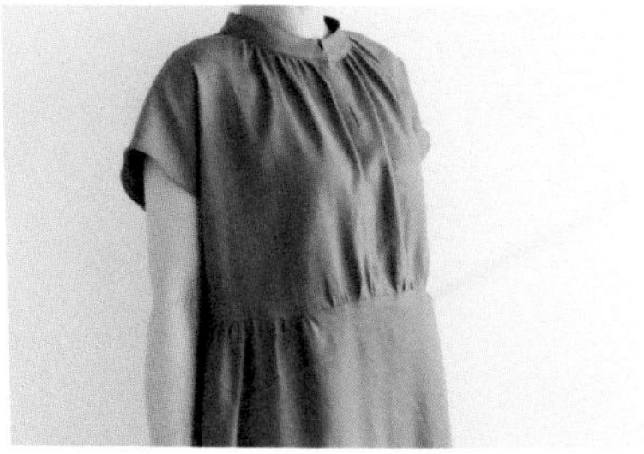

Part 3 服地を知る

Part 4 服地を買う

※本書に掲載されている情報は、2024年 5月のものです。

この本の使い方

本書は、ソーイングで洋服を理想の形に仕上げるための服地選びについて、パターンとの組み合わせ、材料、入手先について総合的に解説した一冊です。各章の内容をご紹介します。

Part 1　パターンに合う服地とは

パタンナーであるMパターン研究所の視点から、服を作るときに大切にしていることや、服地を選ぶときの基準を紹介。ソーイングするかたに知っておいてほしい、服作りがもっと楽しくなる&“理想の形”を叶えるロジックをお伝えします。

Part 2　パターンから服地を選ぶ

具体的なアイテムごとに、相性のよい服地、仕上げたいシルエットに合わせた服地の選び方などを解説しています。また、1つのパターンを2種類の服地で仕立てたサンプル写真で、パターンと服地の組み合わせによって仕上がりがどう変わるのかを比較していただけます。

Part 3　服地を知る

服地を使い分けるには、服地の素材や種類による性質を知ることも大切です。衣服材料学の専門家に協力いただき、ホームソーイングにおすすめで、一般的に手に入りやすい服地について解説します。

付録

服地の管理に便利な、自分だけの服地見本帳が作れる「見本帳フォーマット」を掲載しています。ダウンロードしてご活用ください。

Part 4　服地を買う

編集部おすすめの魅力的な服地を扱う全国のお店やオンラインショップを紹介しています。東京・日暮里繊維街のページでは、Mパターン研究所行きつけの、プロ仕様の服地が揃うショップを掲載しています。

（この本の使い方）アイテムやパターンに合う服地を知りたいとき

Part 2 パターンから服地を選ぶ 30のアイテム別におすすめの服地と作例を紹介しています。

GUIDEページ 一般的によくあるアイテムと、そのアイテムに合うおすすめの服地を紹介しています。

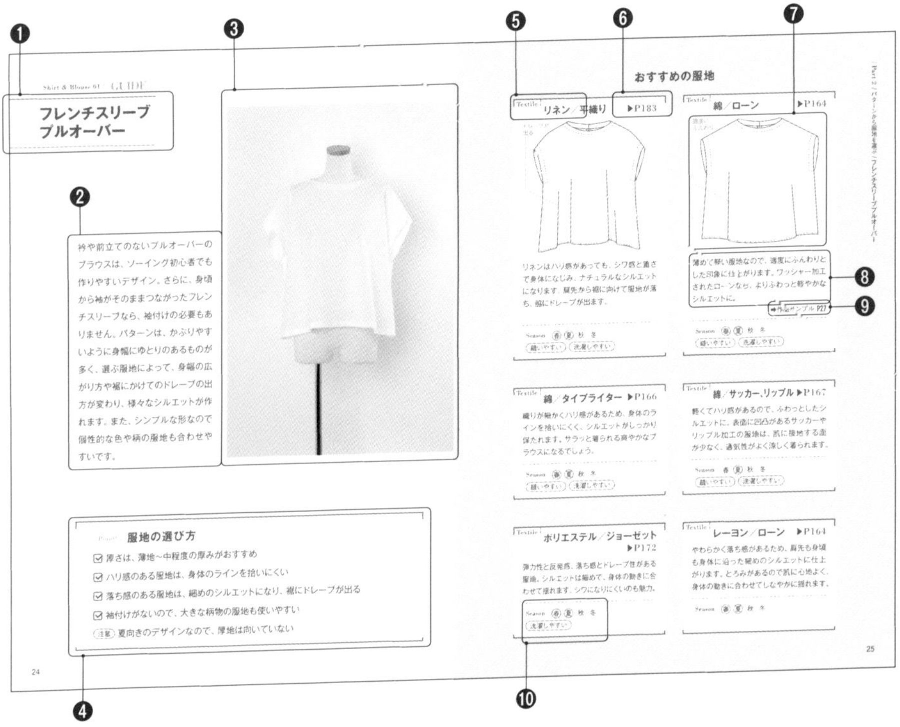

❶アイテム名
このページで紹介するアイテムの名前です。

❷アイテムの概要
アイテムの特徴、デザインのバリエーションなどを紹介しています。

❸アイテムの写真
アイテムの一例として、トルソーの着用写真を掲載しています。

❹服地の選び方
☑…適した服地の特徴を記載しています。

（注意）…避けたい服地、気を付けたいポイントを記載しています。

❺服地名
おすすめの服地について、素材や一般的な服地名を記載しています。

❻服地解説ページ
おすすめの服地について詳しく解説しているページを記載しています。

❼イメージイラスト
おすすめの服地で作った場合の仕上がりイメージを、イラストでわかりやすく表しています。

❽仕上がりの解説
このアイテムをこの服地で作った場合のシルエットや留意点を記載しています。

❾作品サンプル掲載ページ
実際にこの服地で制作したサンプルがある場合、写真の掲載ページを記載しています。

❿服地の特徴
このアイテムの服地選びの参考になる特徴をマークで表示しています。

Season 春 (夏) 秋 冬

この服地で作った場合、適した季節を○で囲んでいます。

（縫いやすい）

ソーイング初心者でも縫製しやすい服地にこのマークを入れています。

（洗濯しやすい）

一般的に洗濯機で水洗い可能な服地にこのマークを入れています。

SAMPLEページ

同じパターンをもとに2種類の服地で仕立てたサンプルを掲載しています。
シルエットなどの違いにご注目ください。

⓫アイテム名

このページで紹介するアイテムの名前です。

⓬サンプルのモデル着用写真

1つのパターンを 2種の服地で仕立てたものをモデルが着用。サンプルの全体写真や、服地の特徴がわかる部分写真を掲載しています。

⓭サンプルの服地名

サンプルに使用した 2種の服地について、素材と一般的な服地名を記載しています。

⓮サンプルの服地の特徴

サンプルに使用した服地について、特徴を5段階で示しています。

薄い ⊥⊥▼⊥⊥ **厚い**
服地の厚さを表しています。

落ち感 ⊥▼⊥⊥⊥ **ハリ感**
服地が下に落ちる性質があるか、
張る性質があるかを表しています。

反発感が弱い ⊥⊥⊥▼⊥ **反発感が強い**
服地が元に戻る力の強さを表しています。

※いずれも、ブロードを中程度として設定しています。

※それぞれの織物は、使用する糸の太さや加工により、厚さや風合いが変わります。こちらの表はあくまでも目安として、参考程度にご活用ください。

⓯サンプルに使用したパターン

使用したパターンの型番と型名を記載しています。パターンはすべてMパターン研究所が企画・制作しています。

◆印の付いたパターンは、Mパターン研究所のWebサイトでオンライン販売しています。

★印の付いたパターンは、Mパターン研究所が企画・制作したパターンを、株式会社ジャノメサービスが印刷・発行し、全国の手芸専門店にて販売しています。

この本の使い方 ── 服地に合うアイテムやパターンを知りたいときは

Part 3 服地を知る　31の服地について、素材の特徴や扱い方について解説しています。

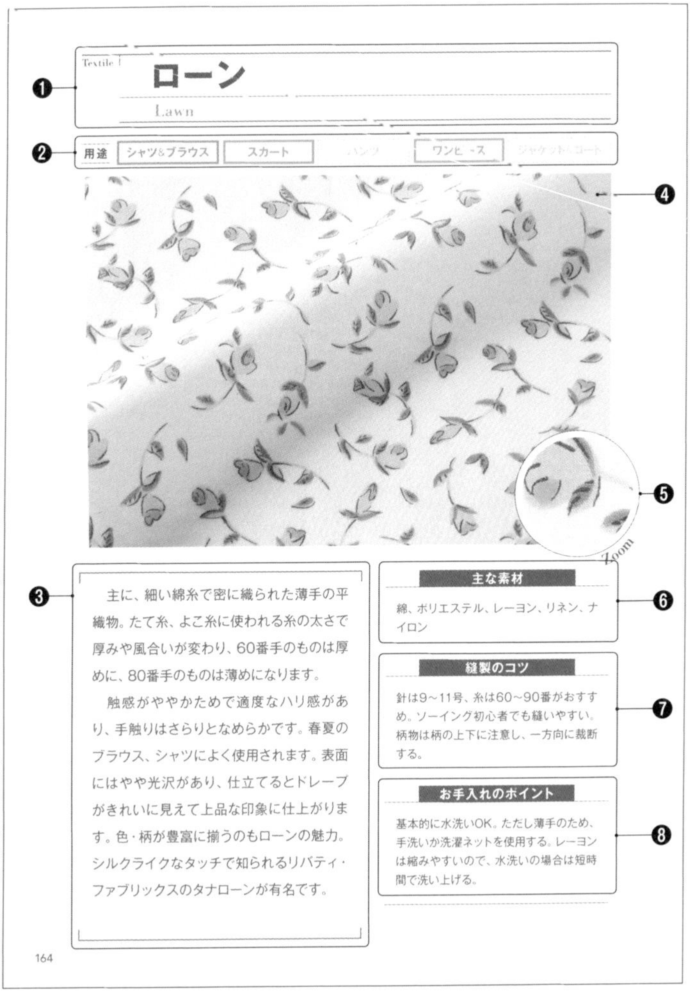

❶服地の名称

一般的に知られている名前を記載しています。

❷主な用途

この服地で作るのにおすすめのアイテムはカラーで、一般的には適さないアイテムは薄いグレーで表しています。

シャツ&ブラウス
スカート
パンツ
ワンピース
ジャケット&コート

❸服地の特徴

この服地の構造や性質、バリエーションや適したアイテムについて紹介しています。

❹服地の写真

服地の一例として、質感がわかる写真を掲載しています。

❺服地の拡大写真

服地の表面を拡大した写真を掲載しています。

❻主な素材

この服地で主に使われる繊維を記載しています。

❼縫製のコツ

この服地をミシンで縫製する際に適した針や糸、きれいに縫製するコツを記載しています。(※)

❽お手入れのポイント

この服地の洗濯の方法など日常のお手入れについて紹介しています。(※)

※この服地を扱う際の一般的なコツ、ポイントを記したもので、すべての服地に当てはまるわけではなく、あくまでも目安です。ご使用の服地のハギレや目立たない部分でお試しのうえ行ってください。

Standard of Choice
for Textile

Part 1

服地選びの基準

服地選びが大切な理由

思い通りの服に仕上がらないのは ソーイングスキルのせいではなく 服地の選び方のせいかもしれません

パターン×服地の重要性

服を作るとき、好きなデザインのパターンを使い、指示通りに丁寧に縫製しても、思い描いた仕上がりにならないことがあります。それは、作りたい形と服地が合っていなかったのかもしれません。パターンと服地には相性があり、服地によって仕上がりのイメージが変わります。

パターンに対して、理想の形を出しやすそうな服地を選ぶ

ソーイングブックに載っているパターンや、販売されているパターンの多くは、パタンナーが理想のシルエットやイメージを叶えるために、パターンに合う服地を設定して、縫製の手順を考えています。そのため、パターンと相性のよくない服地で作ると、きれいに仕上がらなかったり、見本とは違うシルエットになったりします。

また、パターンとは相性がよい服地を使用していても、思い描いた形にならないこともあります。例えば、ふんわり広がるギャザースカートを作りたいのに、落ち感のある服地を選んでしまうと、ふんわり感は出ずに細めのシルエットに仕上がります。

デザインのディティールやシルエットは、パターンがあればその通りに仕上がるわけではなく、実は服地選びがとても重要なのです。ポイントは、パターンと相性のよい服地を知ること、また、縫い始める前に仕上がりのイメージを想像して、それに合う服地を選ぶこと。この本では、パターンに合い、自分のイメージ通りに仕上げるための服地の選び方を紹介していきます。

服地選びで意識したいこと

シルエットを左右するのは「厚さ」「落ち感」「ハリ感」「反発感」

定番素材だけでなく混紡、新素材も知る

手芸店にはたくさんの服地が並んでいます。綿やリネンなど定番の服地だけでなく、新しい素材、組成のものもどんどん出てきています。シワになりやすい綿にポリエステルを混紡することでシワになりにくくしたものや、洗濯や保管がしやすいポリエステル素材でウールを模したものなど、従来の素材にはなかったうれしい機能が付加された服地もあります。扱いやすさなどの機能性や実用性が欲しいときは、定番素材はもちろん、新素材に注目してみるのもよいでしょう。

織り方や加工の違いに注目する

服地を構成する要素には、素材となる繊維（綿、ポリエステルなど）だけでなく、織り方、色や柄、仕上げの加工などもあります。その組み合わせによって、多種多様な服地が作られます。織りや加工で特徴も大きく変わるので、素材だけで判断せずに、織り方や加工にも注目してみましょう。

やっぱり、色・柄で服地を選びたい！

服地の魅力のひとつが、豊富な色や柄です。好みにぴったりの色や柄の服地に出合えたとき、いつか縫おうと考え、大切な服地コレクションとして購入するかたも多いのではないでしょうか。色・柄優先で服地を選ぶ場合は、その服地に合わせて使用するパターンを選びましょう。服地の素材感や柄合わせを考慮して、服地の色・柄がいきるパターンを選べるとベター。柄が大きいものならシンプルなパターンと相性がよいなど、柄×パターンの組み合わせも仕上がりを左右します。

適した服地を見極めるカギ

しかし、色や柄が気に入っていてもシルエットや着心地が好きでなければ、せっかく作ったのにあまり出番がないことも……。そこで、服地選びで特に意識してほしいのが、「厚さ」「落ち感」「ハリ感」「反発感」です。使用している繊維や織り方がはっきりしないときでも、手で触れて、「厚さ」「落ち感」「ハリ感」「反発感」を確認できると、仕上がりを想像する目安になります。特にシルエットに影響するのが「落ち感」「ハリ感」「反発感」。見極め方を知っておくと、服地選びの失敗が少なくなります。

「ハリ感がある服地」と「落ち感がある服地」の違い

服地がピンと張る性質を「ハリ感」、とろんと下に落ちる性質を「落ち感」と呼びます。ハリ感があると、身体のラインを拾いにくく、シルエットが保たれます。落ち感があると、身体に沿う細めのシルエットになります。

ハリ感がある服地（見本：ブロード）

落ち感がある服地（見本：デシン）

ふんわり折り重ねると…

服地を二重、三重にふんわりと折り重ねてみると、ハリ感のある服地はカーブする部分が大きく、丸みのあるふくらみになります。落ち感のある服地は、丸みが小さくへこみができて、つぶれたように見えます。

ふくらみは大きく丸みが出る

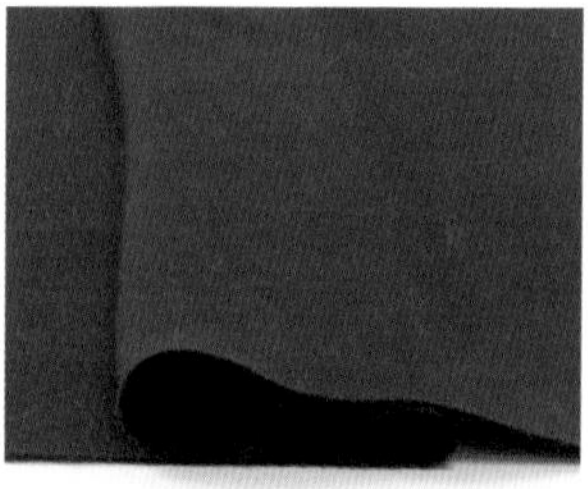

ふくらみは小さくへこみができる

バイアスに持ってたらすと…

服地がバイアス（布の目に対して斜め）になるように、つまんでたらしてみましょう。ハリ感のある服地は広がりがある程度保たれて、ドレープが出ても大きなカーブになります。落ち感のある服地は、細かくドレープが出て、細くすぼまります。

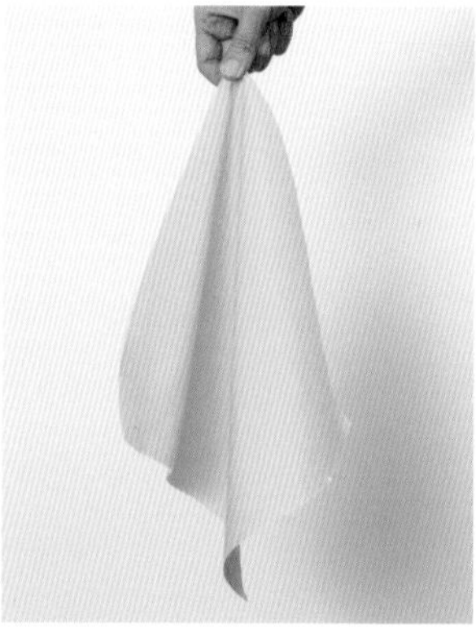

広がる

広がらない

「反発感が弱い服地」と「反発感が強い服地」の違い

この本では、服地が元に戻る力のことを「反発感」と呼んでいます。「反発性」「キックバック力」などと表現されることもあります。反発感がある服地はしなやかでよれにくく、シルエットが保たれます。シワになりにくいのも利点です。

ぎゅっとつかんで手をはなすと…

服地の反発感を確かめる目安になるのが、シワのできやすさと、服地が元に戻ろうとする力。手のひらに服地を広げてぎゅっとつかんでから、手をはなしてみましょう。反発感がない服地はシワが残ったりつかんだ形のままだったりしますが、反発感がある服地はシワがほとんど残らず、元の状態に戻ろうとします。

反発感が弱い服地（見本：ブロード）

▼

シワが残る、元に戻らない

反発感が強い服地（見本：デシン）

▼

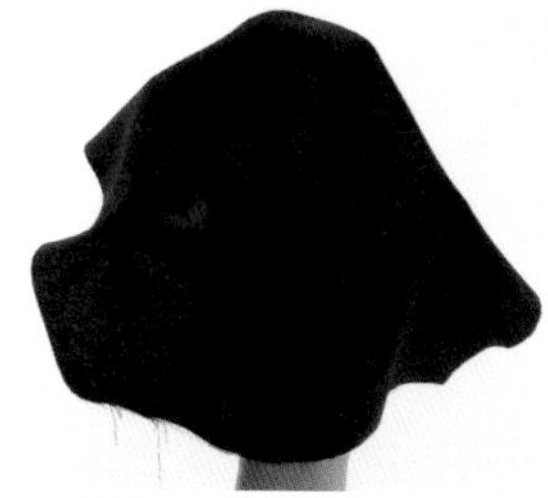

シワが残らない、元に戻ろうとする

服地を買うときにおすすめしたいこと

服地選びの最大のヒントは自分のクローゼットにあります

自分好みのシルエット、素材を知る

服地を買うときは、シルエットや着心地など、目指す仕上がりを考えておくことが大切です。そこでヒントになるのが、自分が持っている洋服。普段から、好きなシルエットの傾向や素材を意識しておくと、理想の仕上がりがイメージしやすくなります。

素材や織り方が違う「黒×無地」で比較する

自分の好みの仕上がりを知るためにおすすめなのが、素材や織り方の異なる複数の黒い服地で作り比べてみること。色・柄の条件を同じにすることで、風合いやシルエットに意識が向きます。服地の特徴を理解し、自分の好きな傾向を知るのにおすすめの手法です。

自然光で見る、手で触れる

服地を選ぶときは、できる限り自然光の下など着用シーンに近い状況で選ぶのがポイント。ショップのライトの下と自然光の下では、色や柄、風合い、透け感などが異なることがあります。お店なら、スタッフの方に声をかけて、自然光が入る窓際などで見せてもらうのもよいでしょう。

そして、実際に手で触れて、厚さやハリ感・落ち感、反発感、また肌触りを確認してから購入すると、より理想に近く実用的な一着が仕立てられるでしょう。実店舗の多くは、直接服地に触れることができます。購入したい服地に近いタイプの服地で作られた服を着ていくと、その場で比べることもできます。

オンラインで服地を探す場合は、サンプル帳をオーダーできるかをチェック。実際に触ってみてから購入すると、失敗が少ないです。サンプル帳がない場合でも、素材や混率、織り方、説明文のハリ感や落ち感など特徴を説明するキーワードをしっかり確認しましょう。

この本を通して、服地の特徴や、服地を表現する言葉について理解を深めることも、失敗のない服地選びにつながるでしょう。

同じパターンを違う服地で、丈を変えて作ったもの。服地が変わると、ギャザーの出かたやシルエットに差が出る

Column 01

服地Q&A

Q. 透け感のある服地、注意することは?

A. 服地が重なる部分、透けて見える部分をイメージしておきましょう

透け感のある服地は、服地が重なる部分の色が濃く見えます。そのため、衿や前立て、ポケット、袖口や裾の縫い代などの色が濃く見えてもバランスよいデザインになるかをイメージしてから、作り始めるのがよいでしょう。
また、縫い糸や芯地は、表から透けても目立たないような色を選ぶのがおすすめです。

透け感のある服地で注意すること

- ☑ 服地が重なる部分の色が濃く見えることを想定して、パターンを選ぶ
- ☑ 芯地、伸び止めテープは、使用しないか、同系色、もしくは透明感のあるタイプを選ぶ
- ☑ ロックミシンの糸は、できるだけ服地に近い色にする

P31のシャツは、透け感があるオーガンジーを使用しています。衿や前立て、胸のポケットなど服地が重なる部分の色が濃く仕上がり、デザインのアクセントになっています。

Choose Textile
for Pattern

Part 2

パターンから
服地を選ぶ

シャツ・ブラウス
Shirt & Blouse

Shirt & Blouse

CHECK POINT

☑ 衿のデザイン

衿のあるデザインの場合、織りが細かくハリ感のある服地のほうが、かっちりとした形に仕上がる。

☑ 袖のデザイン

袖付けがある場合、ストレッチの効いた服地は袖ぐりが伸びやすい。剣ボロがある場合、織りが粗い服地はほつれやすいので注意。

☑ シルエット

身体のラインを拾わないシルエットにしたいならハリ感や反発感のある服地、身体に沿う細身のシルエットにしたいなら落ち感のある服地を選ぶ。

衿の有無、袖の形や丈、前開きかプルオーバーか、着丈やシルエットなど、デザインのバリエーションが豊富なシャツ＆ブラウス。それぞれのデザインに適した服地を知っておくと、仕上がりが変わります。

/ Shirt & Blouse 01 / GUIDE

フレンチスリーブ プルオーバー

衿や前立てのないプルオーバーのブラウスは、ソーイング初心者でも作りやすいデザイン。さらに、身頃から袖がそのままつながったフレンチスリーブなら、袖付けの必要もありません。パターンは、かぶりやすいように身幅にゆとりのあるものが多く、選ぶ服地によって、身幅の広がり方や裾にかけてのドレープの出方が変わり、様々なシルエットが作れます。また、シンプルな形なので個性的な色や柄の服地も合わせやすいです。

/ Point! / 服地の選び方

- ☑ 厚さは、薄地〜中程度の厚みがおすすめ
- ☑ ハリ感のある服地は、身体のラインを拾いにくい
- ☑ 落ち感のある服地は、細めのシルエットになり、裾にドレープが出る
- ☑ 袖付けがないので、大きな柄物の服地も使いやすい

（注意）夏向きのデザインなので、厚地は向いていない

この本の使い方 ―― アイテムやパターンに合う服地を知りたいとき

Part 2 パターンから服地を選ぶ 30のアイテム別におすすめの服地と作例を紹介しています。

GUIDEページ 一般的によくあるアイテムと、そのアイテムに合うおすすめの服地を紹介しています。

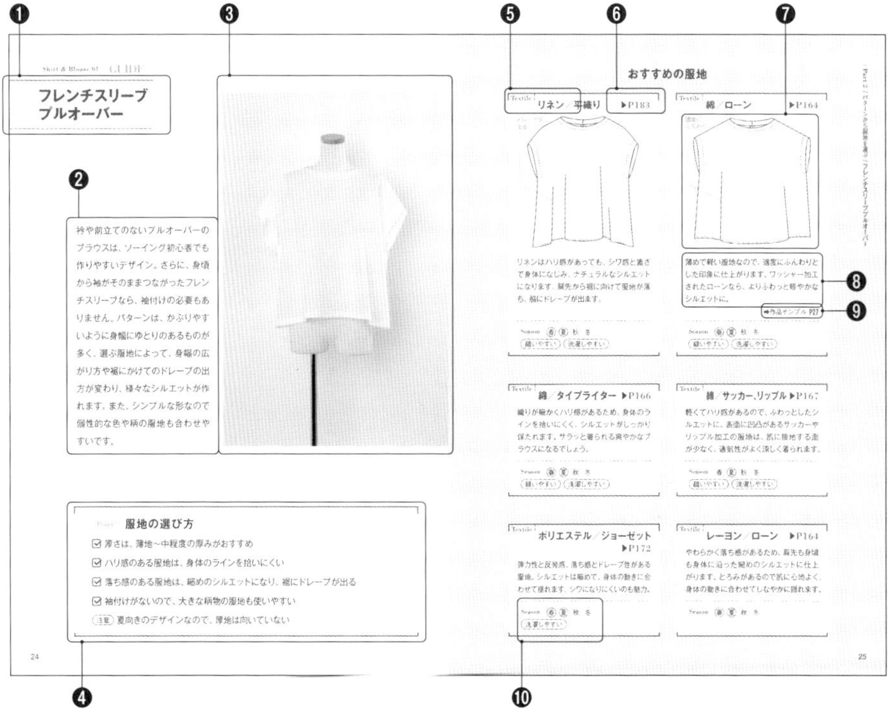

❶アイテム名
このページで紹介するアイテムの名前です。

❷アイテムの概要
アイテムの特徴、デザインのバリエーションなどを紹介しています。

❸アイテムの写真
アイテムの一例として、トルソーの着用写真を掲載しています。

❹服地の選び方
☑…適した服地の特徴を記載しています。
(注意)…避けたい服地、気を付けたいポイントを記載しています。

❺服地名
おすすめの服地について、素材や一般的な服地名を記載しています。

❻服地解説ページ
おすすめの服地について詳しく解説しているページを記載しています。

❼イメージイラスト
おすすめの服地で作った場合の仕上がりイメージを、イラストでわかりやすく表しています。

❽仕上がりの解説
このアイテムをこの服地で作った場合のシルエットや留意点を記載しています。

❾作品サンプル掲載ページ
実際にこの服地で制作したサンプルがある場合、写真の掲載ページを記載しています。

❿服地の特徴
このアイテムの服地選びの参考になる特徴をマークで表示しています。

Season 春 (夏) 秋 冬

この服地で作った場合、適した季節を○で囲んでいます。

(縫いやすい)

ソーイング初心者でも縫製しやすい服地にこのマークを入れています。

(洗濯しやすい)

一般的に洗濯機で水洗い可能な服地にこのマークを入れています。

本書は、ソーイングで洋服を理想の形に仕上げるための服地選びについて、パターンとの組み合わせ、材料、入手先について総合的に解説した一冊です。各章の内容をご紹介します。

Part 1 パターンに合う服地とは

パタンナーであるMパターン研究所の視点から、服を作るときに大切にしていることや、服地を選ぶときの基準を紹介。ソーイングするかたに知っておいてほしい、服作りがもっと楽しくなる&“理想の形”を叶えるロジックをお伝えします。

Part 2 パターンから服地を選ぶ

具体的なアイテムごとに、相性のよい服地、仕上げたいシルエットに合わせた服地の選び方などを解説しています。また、1つのパターンを2種類の服地で仕立てたサンプル写真で、パターンと服地の組み合わせによって仕上がりがどう変わるのかを比較していただけます。

Part 3 服地を知る

服地を使い分けるには、服地の素材や種類による性質を知ることも大切です。衣服材料学の専門家に協力いただき、ホームソーイングにおすすめで、一般的に手に入りやすい服地について解説します。

付録

服地の管理に便利な、自分だけの服地見本帳が作れる「見本帳フォーマット」を掲載しています。ダウンロードしてご活用ください。

Part 4 服地を買う

編集部おすすめの魅力的な服地を扱う全国のお店やオンラインショップを紹介しています。東京・日暮里繊維街のページでは、Mパターン研究所行きつけの、プロ仕様の服地が揃うショップを掲載しています。

おすすめの服地

Textile

リネン／平織り ▶P183

リネンはハリ感があっても、シワ感と重さで身体になじみ、ナチュラルなシルエットになります。肩先から裾に向けて服地が落ち、脇にドレープが出ます。

Season 春 夏 秋 冬

縫いやすい　洗濯しやすい

Textile

綿／ローン ▶P164

薄めで軽い服地なので、適度にふんわりとした印象に仕上がります。ワッシャー加工されたローンなら、よりふわっと軽やかなシルエットに。

➡作品サンプル P27

Season 春 夏 秋 冬

縫いやすい　洗濯しやすい

Textile

綿／タイプライター ▶P166

織りが細かくハリ感があるため、身体のラインを拾いにくく、シルエットがしっかり保たれます。サラッと着られる爽やかなブラウスになるでしょう。

Season 春 夏 秋 冬

縫いやすい　洗濯しやすい

Textile

綿／サッカー、リップル ▶P167

軽くてハリ感があるので、ふわっとしたシルエットに。表面に凹凸があるサッカーやリップル加工の服地は、肌に接地する面が少なく、通気性がよく涼しく着られます。

Season 春 夏 秋 冬

縫いやすい　洗濯しやすい

Textile

ポリエステル／ジョーゼット ▶P172

弾力性と反発感、落ち感とドレープ性がある服地。シルエットは細めで、身体の動きに合わせて揺れます。シワになりにくいのも魅力。

Season 春 夏 秋 冬

洗濯しやすい

Textile

レーヨン／ローン ▶P164

やわらかく落ち感があるため、肩先も身頃も身体に沿った細めのシルエットに仕上がります。とろみがあるので肌に心地よく、身体の動きに合わせてしなやかに揺れます。

Season 春 夏 秋 冬

フレンチスリーブプルオーバー

Linen,Silk/Slub

Textile

リネン、シルク／スラブ織り

薄い	▼	厚い
落ち感	▼	ハリ感
反発感が弱い	▼	反発感が強い

よこへのハリが強く、シルエットがはっきり出ました。個性の強い色や素材感の服地はシンプルなパターンと合います。

使用パターン:MPL／★M216 ワイドフレンチスリーブ　※2点は、着丈、裾のデザインを変えて制作しています。

Textile

綿／ローン

薄い	▼	厚い
落ち感	▼	ハリ感
反発感が弱い	▼	反発感が強い

軽くやわらかい服地なので、身幅にゆとりのあるデザインでも広がりすぎず、適度にふんわりとしたシルエットに。

Cotton/Lawn

フレンチスリーブシャツ

フレンチスリーブとは、身頃と袖の切り替えがなく、身頃から袖がそのままつながった袖のこと。袖付けの必要がありません。衿や前立てのあるシャツタイプのデザインの場合、ソーイングの難易度は上がりますが、程よくきちんと感のある一着になります。プルオーバータイプとは違って細身のパターンもあり、服地との組み合わせ次第できちんとした印象にもナチュラルな印象にも仕上げることができます。

/ Point! / **服地の選び方**

- ☑ 厚さは、薄地～中程度の厚みがおすすめ
- ☑ ハリ感のある服地は、身体のラインを拾いにくい
- ☑ 落ち感のある服地は、細めのシルエットになる
- ☑ 薄地でも適度な反発感があると、身体のラインを拾いにくい
- (注意) 夏向きのデザインなので、厚地は不向き
- (注意) 前立て、ボタンホールが開けやすい服地を選ぶ

おすすめの服地

Textile

レーヨン／ローン ▶P164

レーヨンの服地は落ち感がありますが、しなやかで反発感がある場合は、薄地でも身体のラインを拾わず、程よくドレープが出ます。しなやかで華奢なシャツに仕上がります。

➡作品サンプル P30

Season 春 夏 秋 冬

Textile

綿／オーガンジー ▶P168

薄地ですがハリ感が強いので、直線的なシルエットになります。透け感があるので、衿の芯地は、貼らずに仕上げるか、極薄の同系色を選びましょう。

➡作品サンプル P31

Season 春 夏 秋 冬

Textile

綿／ローン ▶P164

薄めで軽い服地なので、適度にふんわりとしたシルエットに仕上がります。衿や前立てのあるシャツデザインでも、やわらかくフェミニンな雰囲気になります。

Season 春 夏 秋 冬

縫いやすい　洗濯しやすい

Textile

綿／ブロード ▶P165

ブロードは定番のシャツ地で、衿や前立てもきれいに仕上がります。適度にハリ感があるものが多く、身体のラインを拾いにくいです。

Season 春 夏 秋 冬

縫いやすい　洗濯しやすい

Textile

綿／タイプライター ▶P166

織りが細かくハリ感があるため、フレンチスリーブは直線的になり、身頃も身体のラインを拾わず、きちんと感のあるシルエットに仕上がります。

Season 春 夏 秋 冬

縫いやすい　洗濯しやすい

Textile

リネン／平織り ▶P183

ハリ感のあるリネンの場合、最初はシルエットが広がっても、重さとシワ感があるので、着ているうちに身体になじんでくたっとナチュラルに仕上がります。

Season 春 夏 秋 冬

縫いやすい　洗濯しやすい

フレンチスリーブシャツ

Rayon/Plain Weave

Textile

レーヨン／平織り

薄い ▼ 厚い

落ち感 ▼ ハリ感

反発感が弱い ▼ 反発感が強い

落ち感がありつつも、しなやかな感触で程よい反発感があるので、適度に身体から離れたシルエットになります。

 | 使用パターン:MPL／◆B2305 フレンチフラットカラーシャツ ※2点は、裾のデザイン、ポケットの有無を変えて制作していま

Cotton/Organdy

Textile **綿／オーガンジー**

薄い	▼・・・・	厚い
落ち感	・・・▼・	ハリ感
反発感が弱い	・▼・・・	反発感が強い

ハリ感が強くシルエットは保たれますが、透け感があるため、軽やかな仕上がりになります。

シャツブラウス

シャツのかっちり感もありつつ、ブラウスの甘さも感じさせる、シャツとブラウスのどちらの要素もあるシャツブラウス。例えば、衿はシャツカラーで、袖はギャザーたっぷりで丸みのあるブラウス寄りのシルエットのものなどがあります。ギャザーの分量と服地の組み合わせで、シルエットのボリューム感は変わります。作る前に、自分の仕上げたいシルエットをイメージし、服地の特徴を意識して選びましょう。

/ Point! / **服地の選び方**

- ☑ 厚さは、薄地～中程度の厚みがおすすめ
- ☑ 衿付きの場合、適度にハリ感のある服地の方がシルエットが出やすく、縫いやすい
- ☑ ハリ感のある服地なら、ギャザーのふくらみがきれいに出る
- (注意) デザインのバリエーションが豊富で、デザインに合わせた服地のセレクトが必要
- (注意) 前立て、ボタンホールが開けやすい服地を選ぶ

おすすめの服地

Textile

綿／タイプライター ▶P166

身体のラインを拾いにくいハリ感のあるシルエットになります。肩幅や身幅がコンパクトなものやメリハリのあるシルエットのパターンだと、程よく立体感が出るでしょう。

➡作品サンプル P34

Season 春 夏 秋 冬

縫いやすい　洗濯しやすい

Textile

リネン／平織り ▶P183

袖にギャザーのあるデザインの場合、適度にハリ感のあるリネンなら、やさしいふくらみが出ます。リネン特有の素材感で、ナチュラルでこなれた雰囲気の一着になります。

➡作品サンプル P35

Season 春 夏 秋 冬

縫いやすい　洗濯しやすい

Textile

綿／ローン ▶P164

薄めで軽い服地なので、適度にふんわりとしたシルエットに仕上がります。デザインにもよりますが、かっちりしすぎず甘めの雰囲気のシャツブラウスになります。

Season 春 夏 秋 冬

縫いやすい　洗濯しやすい

Textile

綿／ブロード ▶P165

ブロードは定番のシャツ地で、衿や前立てもきれいに仕上がります。適度にハリ感があり、ギャザーなどもほどよくふくらみ、甘さ辛さのバランスがよい一着になります。

Season 春 夏 秋 冬

縫いやすい　洗濯しやすい

Textile

綿／オーガンジー ▶P168

ハリ感が強いので、直線的なラインがきれいに出て、ギャザーなどはしっかりボリュームが出ます。洗濯をするとハリ感が弱くなり、やわらかくなるものもあります。

Season 春 夏 秋 冬

洗濯しやすい

/ Shirt & Blouse 03 / SAMPLE

シャツブラウス

Cotton/Typewriter

Textile

綿／タイプライター

薄い	厚い
落ち感	ハリ感
反発感が弱い	反発感が強い

身幅、肩幅がコンパクトなデザインなので、ハリ感のある服地でも大きくなりすぎず、シルエットもきれいに保たれます。

 | 使用パターン:MPL／◆B2207 シャツブラウス　※2点は、袖丈、袖のデザインを変えて制作しています。

Textile

リネン／平織り

薄い	▼	厚い
落ち感	▼	ハリ感
反発感が弱い	▼	反発感が強い

ハリ感があるリネンを使い半袖で制作したところ、特に袖のふくらみがしっかりと出ました。

プルオーバーシャツ

前立てがない、または途中までしかなく、かぶって着るタイプのシャツ。かぶりやすいように身幅にはゆとりがありますが、前立てがないためすっきりした印象です。選ぶ服地によって、適度に広がったりドレープが出たりとシルエットが変わります。身頃がシンプルな分、衿や袖のデザインによって幅広いテイストの服が作れるのも魅力です。

/ Point! / **服地の選び方**

☑ 厚さは、薄地～中程度の厚みがおすすめ

☑ ハリ感のある服地は、身体のラインを拾いにくい

☑ 落ち感のある服地は、細めのシルエットになる

☑ ハリ感のある服地だと、かっちりとした衿の形になる

(注意) カフスがある場合、ボタンホールが開けやすい服地を選ぶ

おすすめの服地

Textile
ポリエステル／タイプライター ▶P166

反発感があり、身体のラインを拾いにくい大きめのシルエットに。シワになりにくく、アイロンなしできれいに着られます。ただ、アイロンがかかりにくいと縫いにくさもあります。

➡作品サンプル P39

Season 春 夏 秋 冬

洗濯しやすい

Textile
リヨセル／ローン ▶P164

リヨセルは、手触りが滑らかで落ち感があるのが特徴。身体に沿う細めのシルエットに仕上がります。やわらかいので、衿があってもかっちりしすぎず、やさしい印象になるでしょう。

➡作品サンプル P38

Season 春 夏 秋 冬

Textile
綿／ローン ▶P164

薄めで軽い服地なので、ふんわりと軽い印象に仕上がります。ワッシャー加工されたローンなら、より広がりのある軽やかなシルエットになるでしょう。

Season 春 夏 秋 冬

縫いやすい　洗濯しやすい

Textile
綿／ブロード ▶P165

ブロードは定番のシャツ地で、衿や袖のカフスがあるデザインでもきれいに仕上がります。適度にハリ感があり、身体のラインを拾いにくいです。

Season 春 夏 秋 冬

縫いやすい　洗濯しやすい

Textile
綿／タイプライター ▶P166

ハリ感があるため、身幅が広く袖にボリュームのあるデザインでも、シルエットがしっかり保たれます。衿や袖のカフスもきれいに仕上がります。

Season 春 夏 秋 冬

縫いやすい　洗濯しやすい

Textile
リネン／平織り ▶P183

ハリ感の強いリネンの場合は、よこにボリュームが出る仕上がりになります。平織りなら着ているうちにハリ感が落ち着き、身体にナチュラルになじみます。

Season 春 夏 秋 冬

縫いやすい　洗濯しやすい

/ Shirt & Blouse 04 / SAMPLE

プルオーバーシャツ

Lyocell/Lawn

Textile

リヨセル／ローン

薄い ▼ 厚い
落ち感 ▼ ハリ感
反発感が弱い ▼ 反発感が強い

やわらかく、とろみと落ち感があり、身体に沿った小さめのシルエットに。ハイネックカラーでもかっちりせず、なじみます。

 ｜使用パターン:MPL／◆B2300 3カラータックスリーブシャツ　※2点は、衿のデザインを変えて制作しています。

Textile

ポリエステル／タイプライター

薄い　▼　厚い
落ち感　▼　ハリ感
反発感が弱い　▼　反発感が強い

反発感がとても強くシワになりにくい服地です。袖と身頃のふくらみがしっかり出ています。

Polyester/Typewriter

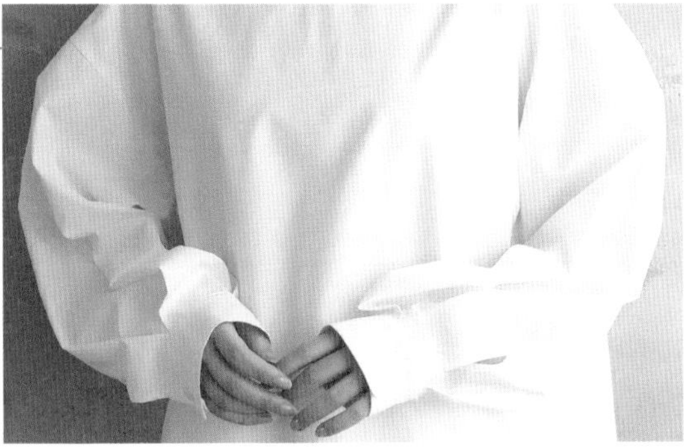

ギャザーブラウス

ギャザーとは、布を寄せて作るひだのこと。首元などにギャザーを入れることで、ふんわりとしたシルエットになり、甘い雰囲気のブラウスになります。首元にギャザーが入るデザインの場合は、ラグランスリーブ（首から脇に切り替えが入るデザイン）の場合、肩部分により丸みが出て、やわらかい印象に。首元だけでなく、肩や袖口、裾にギャザーが入るものも。基本的にギャザーをたくさん寄せればボリュームが大きく、少なければ小さくなりますが、使用する服地によってもシルエットは変わります。

/ Point! / 服地の選び方

- ☑ 薄地〜中程度の厚みがおすすめ
- ☑ ボリュームのあるシルエットにしたいなら適度にハリ感のある服地
- ☑ 細めのシルエットにしたいなら落ち感のある服地
- ☑ 薄地でもギャザーが入ると身体のラインを拾いにくい
- ☑ 柄のある服地は、ギャザーのひだで仕立て映えする

（注意）厚みのある服地やかたい服地は、ギャザーがきれいに寄せられない

おすすめの服地

Textile

綿／ローン ▶P164

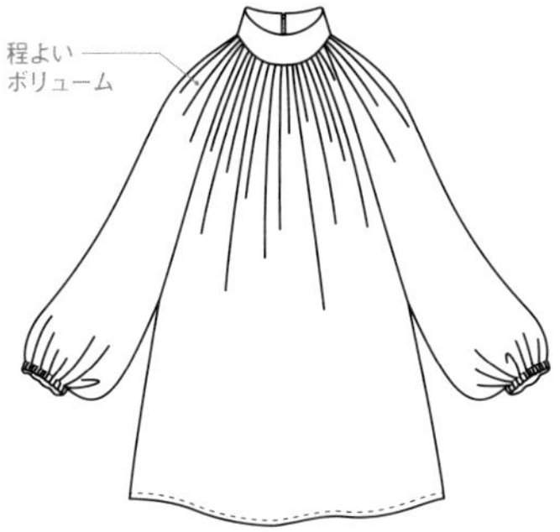

ややや薄めなので、ギャザーたっぷりのデザインでもボリュームが出すぎません。ワッシャー加工されたローンを使うと、ギャザーの分量が少なめでもボリュームが出ます。

➡作品サンプル P42

Season 春 夏 秋 冬

縫いやすい　洗濯しやすい

Textile

綿／ブロード ▶P165

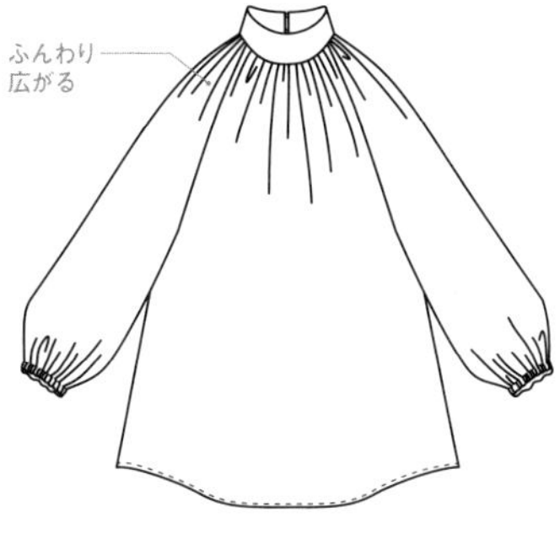

中程度の厚みで、程よくハリ感があるブロード。ギャザーのボリュームがしっかり出て、身頃はふんわりと広がり、裾はゆったり波打つようなシルエットになります。

➡作品サンプル P43

Season 春 夏 秋 冬

縫いやすい　洗濯しやすい

Textile

綿／タイプライター ▶P166

ハリ感が強く、ギャザーがしっかりとふくらんで身頃も広がります。細めのシルエットにしたいなら、ギャザーが少ないデザインがおすすめです。

Season 春 夏 秋 冬

縫いやすい　洗濯しやすい

Textile

レーヨン／ローン ▶P164

レーヨンは落ち感があるため、ギャザーが多くてもシルエットが広がらず、身体に沿います。裾にも細かいドレープが出て、エレガントな雰囲気になります。

Season 春 夏 秋 冬

Textile

ポリエステル／サテン ▶P174

やわらかく落ち感があるため、ギャザーが多くてもふくらみは控えめでひだが細かく、細めのシルエットに。適度な重さもあって、裾に向けて繊細なドレープができます。

Season 春 夏 秋 冬

洗濯しやすい

Textile

リネン／平織り ▶P183

やや薄手のリネンの方が、ギャザーが細かくなり、ひだの縫い目も厚くならないので、縫いやすいです。シワ感が、ギャザーをナチュラルな雰囲気に仕上げます。

Season 春 夏 秋 冬

縫いやすい　洗濯しやすい

ギャザーブラウス

Cotton/Lawn

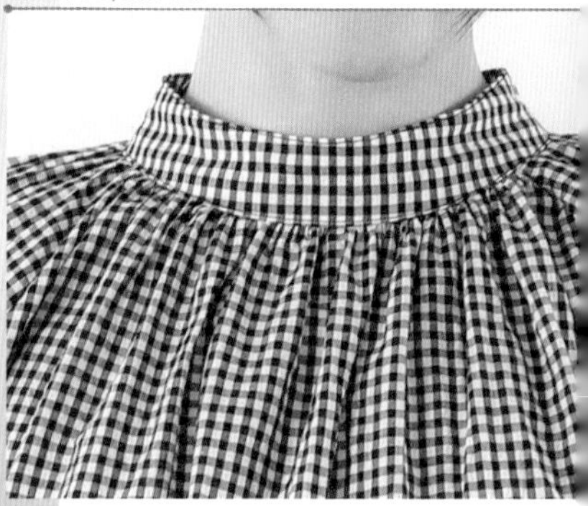

Textile ｜ **綿／ローン**

薄い ▼ 厚い
落ち感 ▼ ハリ感
反発感が弱い ▼ 反発感が強い

薄手ですが、表面に凹凸があるワッシャー加工によって、軽くふんわりと広がるシルエットに仕上がりました。

 ｜使用パターン:MPL／★M217 ハイネックギャザーブラウス　※2点は、衿の高さを変えて制作しています。

Cotton/Broadcloth

Textile **綿／ブロード**

薄い ▼ 厚い

落ち感 ▼ ハリ感

反発感が弱い ▼ 反発感が強い

適度にハリ感と厚みがあるので、身頃、袖のギャザーのボリュームが出て、立体的なシルエットになります。

ギャザーチュニック

チュニックとは、腰が隠れるくらいから膝上くらいまでの、着丈の長いブラウスのこと。首元や、ウエスト部分に切り替えでギャザーが入ったデザインのものは、裾に向かって広がるボリュームのあるシルエットになります。ギャザーの分量を控えめにしたり、落ち感のある服地を使用したりすると、ボリュームが抑えられて細めですっきりした大人っぽい印象に仕上がります。

/ Point! / **服地の選び方**

- ☑ 厚さは、薄地〜中程度の厚みがおすすめ
- ☑ ハリ感のある服地は、身体のラインを拾いにくい
- ☑ 落ち感のある服地は、細めのシルエットになる
- (注意) ギャザーの多いデザインの場合、厚くかたい服地は向かない

おすすめの服地

Textile
レーヨン／ローン ▶P164

レーヨンは落ち感があるため、身幅が広いパターンでもボリュームは出ず、身体に沿って華奢なシルエットに。裾にかけて細くドレープが出て、エレガントな仕上がりに。

➡作品サンプル P46

Season （春）（夏）（秋）（冬）

Textile
綿／ブロード ▶P165

適度なハリ感があるので、身体のラインを拾いにくいです。ギャザーが入るデザインなら、ギャザーがしっかりふくらみ、程よくボリュームが出ます。

➡作品サンプル P47

Season （春）夏（秋）（冬）

（縫いやすい）（洗濯しやすい）

Textile
綿／ローン ▶P164

薄めで軽い服地なので、身幅が広いパターンでもボリュームが出すぎません。ワッシャー加工されたローンを使うとふんわりと軽やかに広がります。

Season （春）（夏）（秋）（冬）

（縫いやすい）（洗濯しやすい）

Textile
ポリエステル／サテン ▶P174

やわらかく、適度な重さと落ち感があるため、身幅が広いパターンでも細めのシルエットに。裾に向けて繊細なドレープが出て、表面の光沢がきれいに見えます。

Season （春）夏（秋）（冬）

（洗濯しやすい）

Textile
ポリエステル／ジョーゼット ▶P172

弾力性と反発感、落ち感とドレープ性がある服地です。ボリュームのあるデザインでもシルエットは広がりすぎず、身体の動きで揺れるエレガントなブラウスに。

Season （春）（夏）（秋）（冬）

（洗濯しやすい）

Textile
リネン／平織り ▶P183

やや薄地から中程度の厚みくらいのリネンで作ると、身幅にゆとりがあるパターンでもシルエットは広がりすぎず、着ているうちにナチュラルに身体になじみます。

Season （春）（夏）（秋）冬

（縫いやすい）（洗濯しやすい）

ギャザーチュニック

Rayon/Lawn

Textile

レーヨン／ローン

薄い ▼ 厚い
落ち感 ▼ ハリ感
反発感が弱い ▼ 反発感が強い

薄く、落ち感があるため、ギャザーはふくらまずにフラットで華奢なシルエットに。動くとしなやかに揺れます。

使用パターン:MPL／★M211 2WAYカラーチュニック　※2点は、袖丈、着丈を変えて制作しています。

Cotto/Broadcloth

Textile | **綿／ブロード**

薄い ▼ 厚い
落ち感 ▼ ハリ感
反発感が弱い ▼ 反発感が強い

適度なハリ感がありギャザーがしっかりふくらみます。淡いカラーはギャザーの濃淡がわかりやすくより立体的に。

レギュラーカラーシャツ

台衿付きのレギュラーカラーは、シャツの定番のデザインです。シルエットは、タイトなものからゆったりとしたオーバーサイズのものまでありますが、スタンダードなデザインだからこそ自分に合ったサイズ感のものを押さえておくのがおすすめ。服地によってカジュアルからビジネス、フォーマルまで幅広く活躍するアイテムです。衿や袖付け、前立て、カフス、剣ボロなど縫製にハードルを感じやすいので、ビギナーは綿など縫いやすい服地から始めるとよいでしょう。

/ Point! / **服地の選び方**

- ☑ 厚さは、薄地～中程度の厚みがおすすめ
- ☑ タイトなシルエットの場合、ハリ感や反発感があるほうが身体のラインを拾いにくい
- ☑ 衿や袖付け、前立て、カフス、剣ボロがあるので、縫いやすい服地がおすすめ
- (注意) 芯地がかたいと衿やカフスがかたくなり、Yシャツのようになる

おすすめの服地

Textile

リネン/平織り ▶P183

ハリ感がありつつ、着ているうちに身体になじみ、くたっとこなれてくるのがリネンの魅力。芯地の使用を最小限にすると、より抜け感のあるリラックスした雰囲気に。

➡作品サンプル P50

Season 春 夏 秋 冬

縫いやすい　洗濯しやすい

Textile

綿/タイプライター ▶P166

ハリ感があり、身体のラインを拾いにくくゆとりあるシルエットをキープ。ハリ感があり織りが細かいので、芯地を最小限にしても、衿の形がしっかりと仕上がります。

➡作品サンプル P51

Season 春 夏 秋 冬

縫いやすい　洗濯しやすい

Textile

綿/ローン ▶P164

薄めで軽い服地なので、適度にふんわりとやわらかい印象に仕上がります。薄地のため、縫い代が重なる衿も比較的縫いやすいです。

Season 春 夏 秋 冬

縫いやすい　洗濯しやすい

Textile

綿/ブロード ▶P165

定番のシャツ地で、衿や袖の剣ボロがきれいに仕上がります。適度にハリ感があり、身体のラインを拾いにくいです。芯地を極薄にするとかっちりしすぎません。

Season 春 夏 秋 冬

縫いやすい　洗濯しやすい

Textile

ポリエステル/ローン ▶P164

シワになりにくくお手入れが楽なポリエステルローンは、出番の多いシャツにおすすめの服地。適度な落ち感と反発感で、かっちりしたシャツでもしなやかで上品に。

Season 春 夏 秋 冬

洗濯しやすい

Textile

ポリエステル/タイプライター ▶P166

反発感があり、身体のラインを拾わない大きめのシルエットに。シワになりにくく、アイロンなしで着られます。ただ、アイロンがかかりにくい分、縫いにくさもあります。

Season 春 夏 秋 冬

洗濯しやすい

レギュラーカラーシャツ

Textile **リネン／平織り**

薄い ─▼── 厚い
落ち感 ──▼─ ハリ感
反発感が弱い ─▼── 反発感が強い

やわらかくラフな雰囲気に仕上げるため、芯地は薄手のものを裏衿、裏カフスと右前立てのみに使用しています。

Cotton/Typewriter

Textile

綿／タイプライター

薄い ――▼―― 厚い

落ち感 ―――▼― ハリ感

反発感が弱い ―――▼― 反発感が強い

織りが細かくハリ感があり、反発感も強い服地のため、身体のラインを拾いにくく、すっきり見えます。

Skirt スカート

スカートは他のアイテムに比べてシンプルなデザインのものが多く、その分、シルエットに目がいきます。理想のシルエットを叶えるには、パターン上のボリュームと服地の特性のマッチングを意識しましょう。

Skirt

CHECK POINT

☑ シルエット

直線的に見せたい、身体から離れて広がるシルエットにしたいなら、ハリ感のある服地を。曲線的に見せたい、身体に沿う細身のシルエットにしたいなら、落ち感のある服地を選ぶ。

☑ ウエストのデザイン

ウエストにゴムを入れる場合は、かたくて厚い服地だと伸縮しにくい。ファスナーが付く場合は、ストレッチが効いた服地や滑りやすい服地は難易度が高い。

☑ フィット感

ウエストから腰にかけて身体にフィットするパターンの場合、薄すぎず身体のラインを拾いにくい服地がベター。

Aラインスカート

「A」の文字の形のように、ウエストから裾にかけてやや広がりのあるスカートを、Aラインスカートと呼びます。タイトスカートやナロースカート（P66）に比べると裾に動きがあり、やわらかい印象。また、たっぷりとしたギャザースカート（P58）やフレアースカート（P62）よりも細みなので、選べる服地の幅が広いです。腰回りがフィットするもの、ウエストに少しギャザーが入っているものなどがあり、丈は膝下より長めのものが多いです。

/ Point! / **服地の選び方**

- ☑ 生地の厚さは、薄地～やや厚地のものがおすすめ
- ☑ 裏地なしのデザインなら、透けない色や厚みの服地を選ぶ
- ☑ 腰回りのボリュームが少ないため、ハリ感や反発感のある服地がおすすめ
- ☑ プリント生地の場合、小さな柄も大きな柄も使いやすい
- （注意） 裾幅が広くない場合、薄地だと身体にまとわり付きやすい

おすすめの服地

Textile

綿／タイプライター ▶P166

織りが細かくハリ感があるため、裾にかけて立体的に広がり、Aラインのシルエットがキープされます。綿はシワになりやすいので、ポリエステル混もおすすめです。

➡作品サンプル P56

Season 春 夏 秋 冬

縫いやすい　洗濯しやすい

Textile

綿／ローン ▶P164

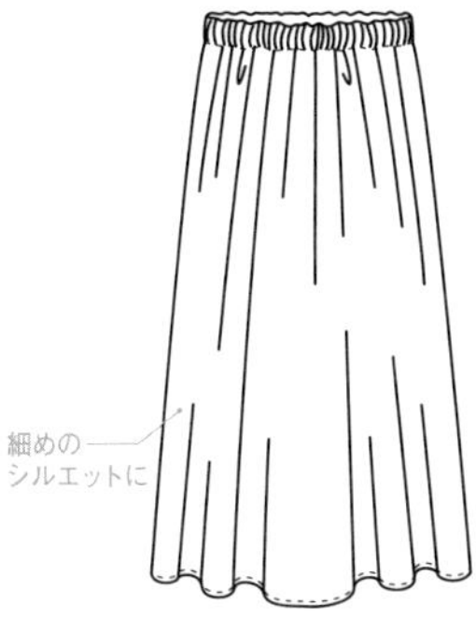

薄地で、シルエットは細くコンパクトになり、裾に細かくドレープが出ます。綿はシワになりやすいので、ポリエステル混もおすすめです。

➡作品サンプル P57

Season 春 夏 秋 冬

縫いやすい　洗濯しやすい

Textile

綿／ブロード ▶P165

適度なハリ感があり、立体感のあるシルエットに。綿はシワになりやすいので、ワッシャー加工されたものやポリエステル混もおすすめ。

Season 春 夏 秋 冬

縫いやすい　洗濯しやすい

Textile

ポリエステル／デシン ▶P173

やわらかく落ち感があり、身体になじむ細身のAラインに。適度な反発感があるので身体のラインを拾いにくいです。裾に向けて細かく入るドレープがきれいです。

Season 春 夏 秋 冬

洗濯しやすい

Textile

リネン／ツイル ▶P183

リネンで作ると涼しげな仕上がりに。ツイルは平織りよりシワが気になりません。また、適度な厚みがあるため透けにくく、身体のラインを拾いにくいです。

Season 春 夏 秋 冬

縫いやすい　洗濯しやすい

Textile

ウール／ギャバジン ▶P187

ハリ感としなやかさがあり、Aラインシルエットがしっかり保たれます。やや厚みがあるので、ウエストのギャザーが少なめのデザインのほうがおすすめです。

Season 春 夏 秋 冬

縫いやすい

/ Skirt 01 / SAMPLE

Aラインスカート

Cotton/Typewriter

Textile **綿／タイプライター**

薄い ▼ 厚い
落ち感 ▼ ハリ感
反発感が弱い ▼ 反発感が強い

織りが細かくパリッとした服地。ギャザーもフレアーも少ないパターンですが、裾にかけてゆるやかに波打ちます。

Textile **綿／ローン**

薄い ▼ 厚い

落ち感 ▼ ハリ感

反発感が弱い ▼ 反発感が強い

大胆な柄が印象的なリバティ・ファブリックスのタナローン。薄手ですが程よいハリ感があり、ギャザーやドレープが細かく美しく出ます。

ギャザースカート

ギャザーとは、布を縫い縮めて作るひだのこと。ウエスト部分にギャザーを入れることで、ウエストから裾に向けてふんわりと広がる、ボリュームのあるスカートになります。スカート側の布を縫い縮めてギャザーを寄せ、ベルトの布に縫い付けるタイプ、ウエスト部分にゴムを入れることでギャザーを作るタイプ、ウエストの後ろ側だけ部分的にゴムのタイプなどがあります。基本的にギャザーの分量が多ければボリュームが大きく、少なければ小さくなりますが、使用する服地によってもシルエットは変わります。

/ Point! / 服地の選び方

- ☑ 厚さは、薄地～中程度の厚みがおすすめ
- ☑ ボリュームのあるシルエットにしたいならハリ感や反発感のある服地
- ☑ 細めのシルエットにしたいなら落ち感のある服地
- (注意) ギャザーの分量が多い場合、厚みのある服地はウエスト部分がもたつく

おすすめの服地

Textile
ナイロン／ローン　▶P164

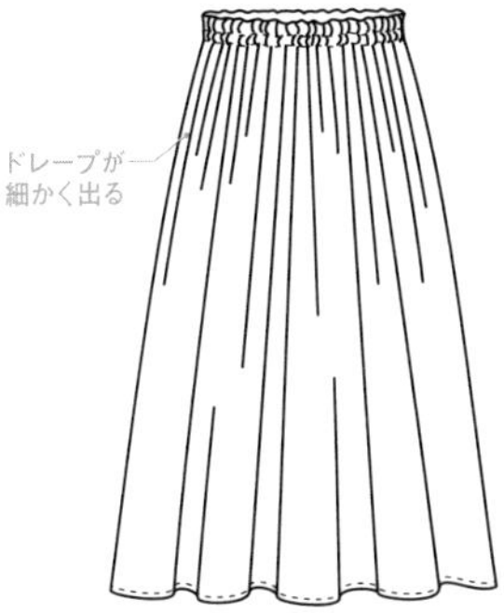

ギャザースカートは甘い雰囲気になりがちですが、光沢のある服地で作るとスタイリッシュに仕上がります。薄地のローンなら、細かいドレープが出てコンパクトに。

➡作品サンプル P60

Season (春) (夏) (秋) 冬

(洗濯しやすい)

Textile
シルク／ローン　▶P164

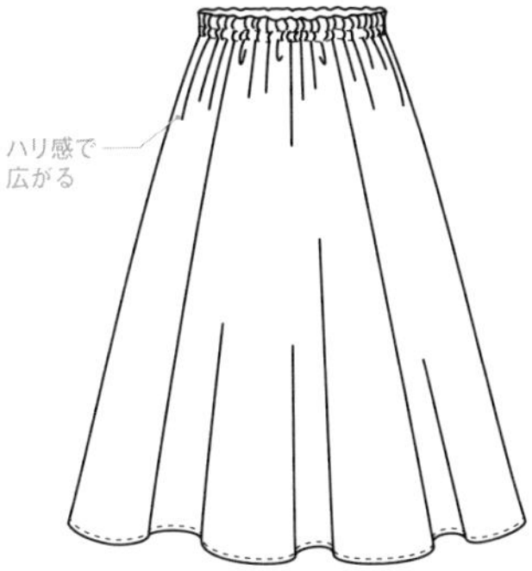

薄手で軽く、透け感のあるローンは、ボリュームあるギャザースカートでも軽やか。シルクなら、ハリ感があるのでふんわりと広がり、光沢でドレープがきれいに見えます。

➡作品サンプル P61

Season (春) (夏) (秋) 冬

Textile
綿／ブロード　▶P165

中程度の厚みでハリ感があるため、裾に向かって広がり、適度なボリュームのあるスカートになります。ポリエステル混のものを選ぶとシワになりにくいです。

Season (春) (夏) (秋) (冬)

(縫いやすい) (洗濯しやすい)

Textile
ポリエステル／デシン　▶P173

落ち感があり、ふくらみは控えめなシルエットに。細かくドレープができ、身体の動きに合わせて揺れます。ポリエステルはシワになりにくくボトムにぴったりです。

Season (春) (夏) (秋) 冬

(洗濯しやすい)

Textile
ナイロン／タフタ　▶P175

強いハリ感と光沢が特徴でギャザーやドレープがきれいに出る服地。パターンに入っているギャザーの分量と作りたいシルエットを考え、服地の厚みとハリ感を選びましょう。

Season (春) (夏) (秋) 冬

(洗濯しやすい)

Textile
リネン／平織り　▶P183

リネンなら清涼感ある仕上がりに。様々な厚さのものがあるので、ウエストがすっきり仕上がるように、ギャザーの分量に合わせて厚さを決めるとよいでしょう。

Season (春) (夏) (秋) 冬

(縫いやすい) (洗濯しやすい)

/ Skirt 02 / SAMPLE

ギャザー スカート

Nylon/Lawn

Textile | **ナイロン／ローン**

薄い	▼ (1/5)	厚い
落ち感	▼ (1/5)	ハリ感
反発感が弱い	▼ (0/5)	反発感が強い

薄くてとろみがあり、細めのシルエットに。光沢感でギャザーに陰影が出て、スタイリッシュな雰囲気に仕上がります。

 |使用パターン:MPL／◆S1701 ギャザーフレアースカート ※2点は、着丈、ウエストゴムの本数を変えて制作しています。

Silk/Lawn

Textile **シルク／ローン**

薄い	─▼────	厚い
落ち感	────▼─	ハリ感
反発感が弱い	────▼─	反発感が強い

ハリ感がありボリュームは出ますが、軽い印象。ギャザーと透け感のある素材の組み合わせは仕立て映えします。

/ Skirt 03 / GUIDE

フレアースカート

フレアー（flare）は「広がる」という意味。フレアースカートは、ウエストから腰にかけて身体にフィットし、腰から裾に向かって広がるシルエットが特徴。フレアーの分量によって広がり方に違いが出ます。服地を円形にはぎ合わせたものをサーキュラースカートといい、服地をたっぷり使用する分、裾に向かって贅沢なドレープが出てエレガントなシルエットになります。

/ Point! / **服地の選び方**

- ☑ 厚さは、やや薄地～やや厚地がおすすめ
- ☑ 厚さは、フレアーの分量に合わせて考える
- ☑ ハリ感のあるものは、大きなドレープで広がりのあるシルエットに
- ☑ 落ち感のあるものは、細かいドレープで細身のシルエットに
- (注意) 薄地や柔らかい服地は、腰回りの身体のラインを拾いやすい
- (注意) 厚地の場合は、ウエストや裾など重なる部分の処理に工夫が必要

おすすめの服地

Textile

ウール／ビーバー ▶P189

フレアーが少なめの場合、コートに使う厚みのある服地だと立体的になり、仕立て映えします。ただし、服地が重なるウエストは見返し始末、裾は縫い代を細くする工夫が必要。

➡作品サンプル P64

Season 春 夏 **秋** **冬**

Textile

リネン／平織り ▶P183

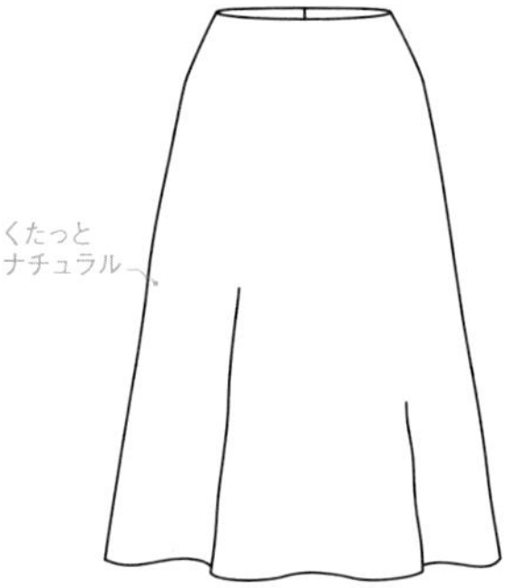

ハリ感がありますが、くたっと感と適度な重さがあるものを選べば、落ち着いたシルエットに。程よい厚みがあれば、腰回りも身体のラインを拾いにくいです。

➡作品サンプル P65

Season **春** **夏** **秋** 冬

縫いやすい　洗濯しやすい

Textile

綿／タイプライター ▶P166

織りが細かくハリ感が強いので、シルエットは立体的に広がります。パリッとした素材感で、綿でもカジュアルすぎない雰囲気に。

Season **春** **夏** **秋** **冬**

縫いやすい　洗濯しやすい

Textile

綿／チノ・クロス ▶P178

かたくてハリ感があるため、シルエットは適度に広がりつつ、重さもあるので裾にドレープが出ます。冬でも静電気が起こりにくいです。

Season **春** **夏** **秋** **冬**

縫いやすい　洗濯しやすい

Textile

綿／コーデュロイ ▶P181

中程度の厚み〜やや厚地のものなら、適度なハリ感でフレアーが広がりつつ、重さでゆったりとしたドレープが出ます。秋冬向きの素材で静電気が起こりにくいのも魅力。

Season 春 夏 **秋** **冬**

洗濯しやすい

Textile

ウール／ギャバジン ▶P187

ハリ感、反発感がありつつ、適度な重さもありシルエットは広がりすぎません。光沢感がありドレープがきれいに出るため、フレアースカートにぴったりの服地です。

Season **春** 夏 **秋** **冬**

縫いやすい

フレアースカート

Wool/Beaver

Textile ウール／ビーバー

薄い	▼（最も右）	厚い
落ち感	▼（右から2番目）	ハリ感
反発感が弱い	▼（右から2番目）	反発感が強い

厚みとハリ感で、大きなドレープが出て、ふんわり広がる存在感のあるシルエットに。裾は縫い代を細くしています。

使用パターン:MPL／◆S2403 ロングフレアースカート　※2点は、裾の始末を変えて製作しています。

Textile

リネン／平織り

薄い ▼ 厚い
落ち感 ▼ ハリ感
反発感が弱い ▼ 反発感が強い

やや厚みのあるリネン。適度な重さで落ち着いたシルエットになり、リネンのくたっと感でソフトなドレープが出ます。

Linen/ Plain Weave

ナロースカート

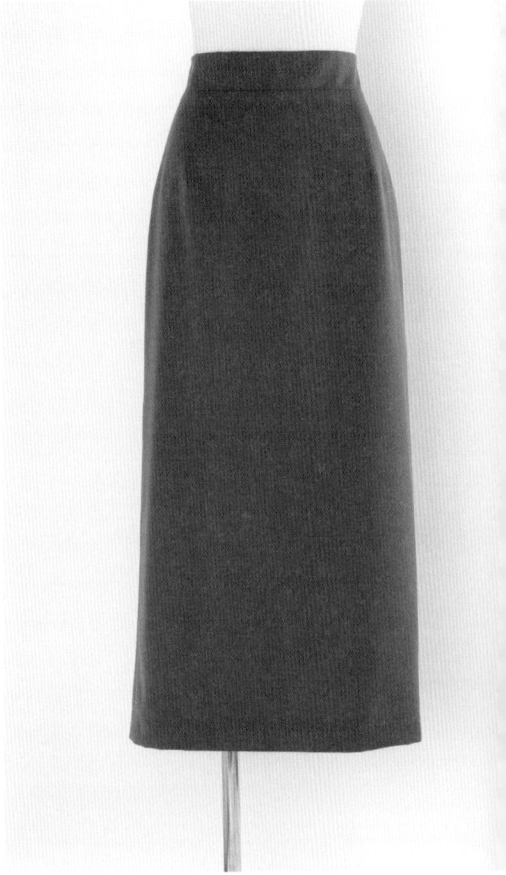

ナロー（narrow）は「狭い、細い」という意味で、縦長のほっそりとしたシルエットのスカートです。タイトスカートは裾に向かって細くなりますが、ナロースカートは腰から裾にかけてのラインがストレートに近く、身体のラインを拾いにくいのが特徴です。ハイウエストのロングタイプなら、たてのラインがより強調されて脚長効果もあります。

/ Point! / **服地の選び方**

- ☑ 厚さは、中程度の厚み～やや厚地がおすすめ
- ☑ 反発感の強い服地なら身体のラインを拾いにくい
- ☑ 透け感のある服地・色の場合は裏地を付ける
- ☑ 裏地を付けると足さばきがよくなる
- ☑ 細身のシルエットでシワが目立つため、シワになりにくい生地がおすすめ

（注意）薄地、落ち感のあるものは身体のラインを拾いやすい

おすすめの服地

Textile

ウール／ベネシャン ▶P185

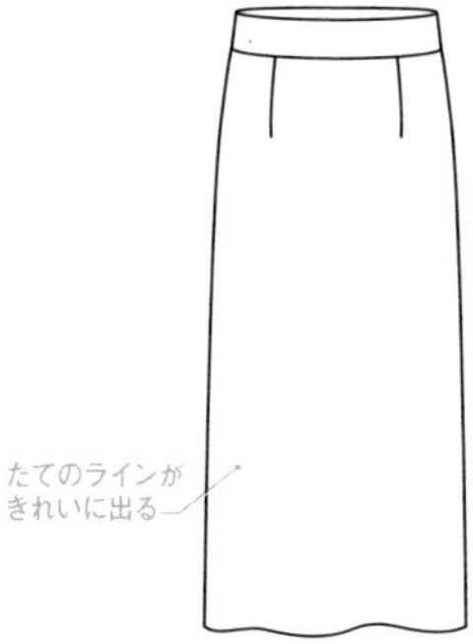

ベネシャンは光沢があり、フォーマルウエアにも使用される服地。反発感が強くシワになりにくいので、ナロースカートの円柱型のシルエットがきれいに出ます。

➡作品サンプル P68

Season 春 夏 秋 冬

Textile

ウール／ギャバジン ▶P187

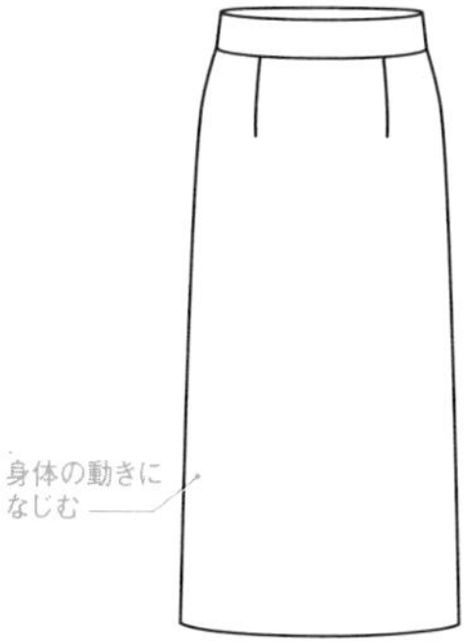

適度なハリ感と反発感があり、身体の動きになじみます。耐久性があり、着用するごとにつやを増して、長く着ることができるでしょう。

➡作品サンプル P69

Season 春 夏 秋 冬

縫いやすい

Textile

ポリエステル／ジョーゼット ▶P172

反発感があり、中程度の厚み～やや厚地のものなら、身体のラインを拾いにくいです。落ち感もあるので、程よくすっきりとしたシルエットに。

Season 春 夏 秋 冬

洗濯しやすい

Textile

リネン／綾織り、キャンバス ▶P183

薄地でやわらかいと身体のラインを拾いやすいので、綾織りやキャンバスなどやや厚みのあるものがおすすめ。たてのラインがきれいに出ます。

Season 春 夏 秋 冬

縫いやすい　洗濯しやすい

Textile

綿／コーデュロイ ▶P181

たての畝がナロースカートの形によく合います。コーデュロイはくたっとしがちですが、中程度の厚み～やや厚地のものなら、円柱型のシルエットがきれいに出ます。

Season 春 夏 秋 冬

洗濯しやすい

Textile

ウール／トロピカル ▶P186

しゃりっとした手触りで通気性がよく、夏でも着られるウール生地。適度なハリ感と反発感があるのでシワになりにくく、身体にまとわりつきにくいため涼しく着られます。

Season 春 夏 秋 冬

縫いやすい　洗濯しやすい

/ Skirt 04 / SAMPLE

ナロースカート

Polyester,Wool/Venetian

Textile

ポリエステル、ウール／ベネシャン

薄い	▼	厚い
落ち感	▼	ハリ感
反発感が弱い	▼	反発感が強い

光沢のあるなめらかな手触りが特徴。反発感が強く、パターン通りの円柱形のシルエットを保ちます。

使用パターン:MPL／◆S2105 ナロースカート

Textile

ウール／ギャバジン

薄い			▼		厚い
落ち感			▼		ハリ感
反発感が弱い			▼		反発感が強い

適度なハリ感としなやかさで、身体の動きになじみつつ、たてのラインがきれいに出て、上品な印象に。

プリーツスカート

ウエストから裾にかけて、折りひだの付いたスカート。折り目の山と山が向き合い箱型になったボックスプリーツや、楽器のアコーディオンのような折り目が付いたアコーディオンプリーツ、一方向にひだが倒れる片返しプリーツなどがあり、プリーツの幅によっても印象が変わります。また、スカートの一部分だけをプリーツにしたデザインもあります。ホームソーイングで作る場合、家庭用のアイロンで取れにくいプリーツを付けられる服地もあります。

/ Point! / **服地の選び方**

- ☑ 厚さは、薄地〜中程度の厚みがおすすめ
- ☑ しっかりとした折り目のプリーツを付けるならウールがおすすめ
- ☑ アイロンで折り目が付けにくい服地の場合は、折り山がタックのようなソフトプリーツに
- ☑ チェック柄は直線をいかせるプリーツスカートの定番柄
- (注意) 極端に厚みのある素材は、重なるウエスト部分の収まりが悪いので不向き
- (注意) 作る前にアイロンでプリーツの試し折りをする

おすすめの服地

Textile

ポリエステル／サテン ▶P174

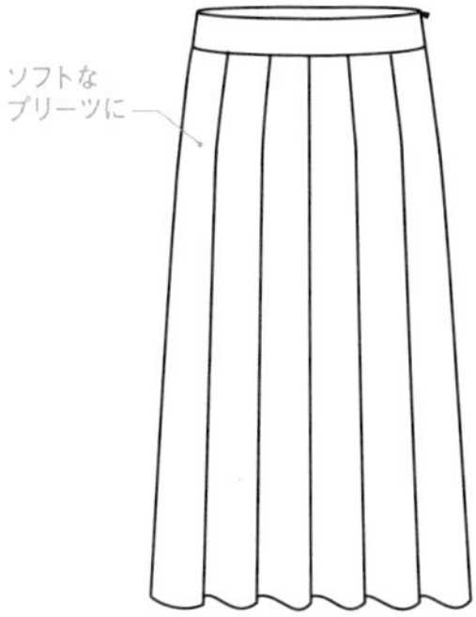

シワになりにくい素材のため、アイロンでくっきりとしたひだを付けることはできません。裾に向けてまっすぐドレープが落ちる、ソフトプリーツになります。

➡作品サンプル P72

Season 春 夏 秋 冬

洗濯しやすい

Textile

ウール／平織り

ウール100%なら、家庭用のアイロンでもしっかりと取れにくいプリーツが付けられるものも。定番のチェック柄なら、柄を目印にすればまっすぐに折りやすいというメリットもあります。

➡作品サンプル P73

Season 春 夏 秋 冬

Textile

ポリエステル／ジョーゼット ▶P172

シワになりにくい素材のため、アイロンでくっきりとしたひだを付けることはできません。裾に向けてまっすぐドレープが落ちる、やわらかい印象のプリーツになります。

Season 春 夏 秋 冬

洗濯しやすい

Textile

リネン／綾織り ▶P183

リネンにアイロンで折りひだを付けるのは難しいため、タックのようなソフトプリーツになります。重さとくたっと感でシルエットはコンパクトに。

Season 春 夏 秋 冬

縫いやすい　洗濯しやすい

Textile

ウール／ギャバジン ▶P187

ウール100%なら、家庭用のアイロンでもしっかりとプリーツが付けられるものも。耐久性がある服地なので、ベーシックなデザインなら長く着られるでしょう。

Season 春 夏 秋 冬

/ Skirt 05 / SAMPLE

プリーツスカート

Textile

ポリエステル／サテン

薄い		厚い
落ち感		ハリ感
反発感が弱い		反発感が強い

アイロンではプリーツがかからず、タックのように仕上がり、ソフトな印象に。身体に沿う細めのシルエットです。

使用パターン:MPL／◆S1812 フロント5プリーツスカート　※2点は、プリーツのプレスを変えて製作しています。

Wool/ Plain Weave

Textile

ウール／平織り

薄い	─┴─┴─┴▼┴─	厚い
落ち感	─┴─┴─┴▼┴─	ハリ感
反発感が弱い	─┴─┴─┴▼┴─	反発感が強い

織りが粗いため、プリーツの分量が多くても軽い仕上がりに。ハリ感があり、プリーツは折り目がくっきりします。

Pants パンツ

腰から裾にかけてのラインによって、おすすめの服地が変わります。パンツはボディラインや下着のラインを拾いやすく、身体の動きの影響も受けやすいので、服地選びは機能面でも重要です。

Pants

CHECK POINT

☑ 着心地

身体のラインを拾いやすい薄地は避けるのがベター。また、織りの粗い服地も負荷がかかると裂けやすいので不向き。ストレッチ性のあるものは動きやすい。

☑ ウエストのデザイン

ウエストがゴムのデザインの場合は、かたくて厚い服地だと伸縮しにくい。

☑ ポケットのデザイン

重ねて縫う部分がある場合、厚地やかたい服地は縫いづらい。

テーパードパンツ

テーパード（tapered）とは英語で「先細りの」という意味。テーパードパンツは、腰回りが適度にゆったりしていて、裾に向かって徐々に細くなるデザインで、ゆとりがありつつすっきり見えるのが魅力。脚長効果も期待できます。デニムやチノ・クロス、リネンなど天然繊維の服地ならカジュアルな雰囲気に、ウールや落ち感のある服地ならきちんと感のあるビジネスシーンでも活躍するきれいめのパンツになります。

/ Point! / **服地の選び方**

- ☑ 厚さは、中程度の厚み～やや厚地がおすすめ
- ☑ ハリ感、反発感が強い服地なら、テーパードシルエットがキープできる
- ☑ 落ち感のある服地なら、身体に適度に沿うシルエットに
- ☑ ウエストの始末やファスナーの種類などから、厚み、ハリ感で選ぶ
- （注意）肌触りがちくちくする素材、透けそうな色の場合は裏地を付ける
- （注意）厚地の場合はサイズが小さめに仕上がるため、脇の縫い代の幅を広めにし、仮縫いして確認するのがおすすめ

おすすめの服地

Textile

綿／ツイル ▶P179

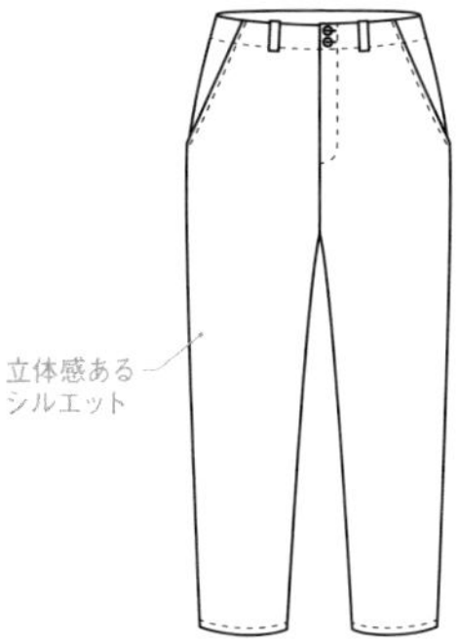

ハリ感があるので、身体のラインを拾いにくく立体的なシルエットが保てます。カジュアルな雰囲気に仕上がり、カーキやベージュを選べば、ミリタリー風やワーク風に。

➡作品サンプル P78

Season (春)(夏)(秋)(冬)

(縫いやすい)(洗濯しやすい)

Textile

綿／デニム ▶P180

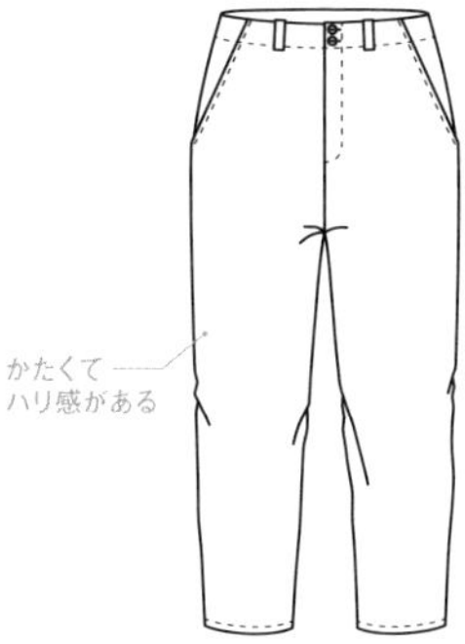

かたく厚みがあるものはしっかりシルエットが出ます。薄手のソフトデニム、光沢のある麻デニムなどなら、きれいめな印象にも仕上げられます。

➡作品サンプル P79

Season (春)(夏)(秋)(冬)

(洗濯しやすい)

Textile

綿／チノ・クロス ▶P178

かたくハリ感があり、身体のラインを拾いにくいです。カジュアルな印象の服地ですが、双糸で作られたものはしなやかで光沢があり、きれいめなチノパンに仕上がります。

Season (春)(夏)(秋)(冬)

(縫いやすい)(洗濯しやすい)

Textile

綿／コーデュロイ ▶P181

厚み、畝の太さで仕上がりは変わります。テーパードの形をしっかり出すなら畝が太くやや厚地のもの、やわらかいラインにするなら畝が細く中程度の厚みのものを。

Season 春 夏 (秋)(冬)

(洗濯しやすい)

Textile

ウール／ギャバジン ▶P187

やや厚地でハリ感と反発感があるため、立体的なシルエットをキープできます。丈夫で耐久性が高く、着るほどに光沢感を増すのも特徴です。

Season (春) 夏 (秋)(冬)

Textile

リネン／ツイル ▶P179

細すぎないテーパードシルエットのパターンに、ハリ感のあるやや厚地を合わせるのがおすすめです。リネンのくたっと感で、ラフでこなれた感じの仕上がりになります。

Season (春)(夏) 秋 冬

(縫いやすい)(洗濯しやすい)

/ Pants 01 / SAMPLE

テーパードパンツ

Cotton/Twill

Textile **綿／ツイル**

薄い	———▼—	厚い
落ち感	———▼—	ハリ感
反発感が弱い	——▼——	反発感が強い

軽くてハリ感があるので、服地が身体から離れてもパリッとシルエットをキープしてくれます。

Cotton/Denim

Textile

綿／デニム

薄い ▼ 厚い
落ち感 ▼ ハリ感
反発感が弱い ▼ 反発感が強い

厚手のデニム（※）でかたさがありますが、テーパードシルエットなので重すぎない印象です。

※サンプルで使用したデニムは14オンス程度

スリムパンツ

全体的に細身で、裾に向かってすぼまる、すっきりとしたパンツです。厚みやハリ感がある服地なら、ストレートなラインがはっきりと出ます。家庭用アイロンでセンタープレスを入れると、たてのラインがさらに強調されます。タイトなシルエットで身体にフィットしやすいので、生地の厚みや透け感、肌触りには要注意。ストレッチの効いた服地なら、スリムでも動きやすいパンツになるでしょう。

/ Point! / **服地の選び方**

- ☑ 厚さは、中程度の厚み〜やや厚地がおすすめ
- ☑ ストレッチが効いた服地なら動きやすい
- ☑ ウールならアイロンでセンタープレスを入れることもできる
- ☑ ウエストの始末やファスナーの種類に合わせて服地の厚みを決める
- (注意) 薄地、やわらかく落ち感のある服地は、身体のラインを拾いやすい
- (注意) 厚地の場合はサイズが小さめに仕上がるため、脇の縫い代の幅を広めにし、仮縫いして確認するのがおすすめ

おすすめの服地

Textile
ウール/ギャバジン ▶P187

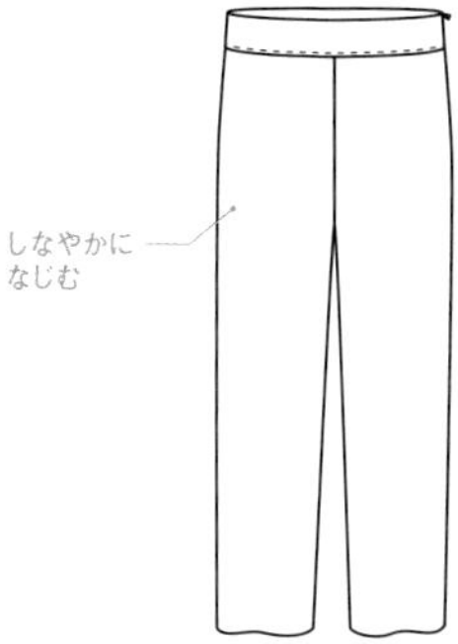

中程度の厚みでしなやかなギャバジンは、程よく身体になじみます。表面には光沢があり、上品な印象のパンツに仕上がります。

➡作品サンプル P82

Season 春 夏 秋 冬

Textile
ウール/ツイル ▶P179

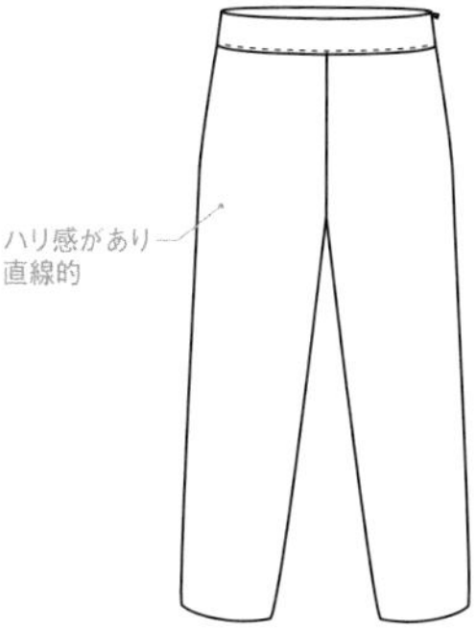

やや厚地でハリ感がある場合は、シルエットがキープできます。裾にかけて直線的なシルエットで、すっきりとした印象になります。

➡作品サンプル P83

Season 春 夏 秋 冬

Textile
ウール/トロピカル ▶P186

ウールの中では薄手でさらっとしていて通気性もよく夏向き。適度なハリ感で身体のラインを拾いにくく、きれいなシルエットに。シワになりにくく、きちんとした印象です。

Season 春 夏 秋 冬

縫いやすい

Textile
ウール/サージ ▶P186

やや厚地の丈夫な服地で制服にも使われます。ハリ感、反発感があり、シルエットをキープできます。

Season 春 夏 秋 冬

Textile
ポリウレタン混/ 2WAY ストレッチ

弾力性・伸縮性が高いポリウレタン混の服地なら、ストレッチが効いて動きやすいパンツに。たて・よこの2方向に伸びる2WAYストレッチなどいろいろな種類があります。

Season 春 夏 秋 冬

Textile
ウール/フランネル ▶P185

フランネルは表面が起毛していて保湿性が高く、また、適度な厚みとハリ感、弾力性があり、秋冬らしいパンツに仕上がります。

Season 春 夏 秋 冬

/ Pants 02 / SAMPLE

スリムパンツ

Wool/Gabardine

Textile　**ウール／ギャバジン**

薄い ⊥⊥⊥▼⊥ 厚い
落ち感 ⊥⊥▼⊥⊥ ハリ感
反発感が弱い ⊥⊥▼⊥⊥ 反発感が強い

軽い素材感をいかし、センタープレスはかけずに、やわらかな印象に仕上げています。

｜使用パターン:MPL／◆P2310 スリムパンツ　※2点は、センタープレスの有無を変えて制作しています。

Textile

ウール／ツイル

薄い ─▼─ 厚い
落ち感 ─▼─ ハリ感
反発感が弱い ─▼─ 反発感が強い

厚手でハリがあり、脇や股下のラインが直線的に。センタープレスによって、立体感が出て、よりすっきりと見えます。

シャーリングパンツ

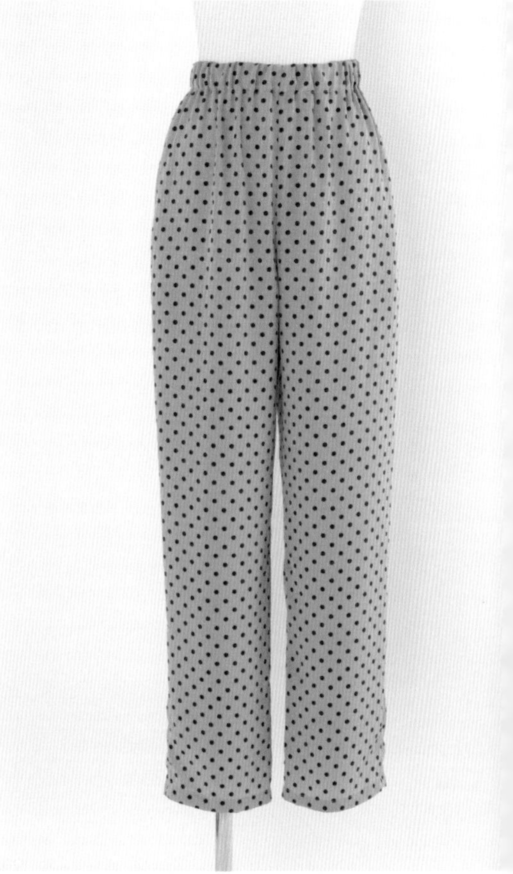

シャーリングとは、「ひだを付ける」を意味するシャー（shirr）を語源とした、布を縫い縮めてギャザーを作る技法のこと。パンツの場合、ウエスト部分にゴムを入れてシャーリングを作るものが多く、ソーイング初心者でもチャレンジしやすい一着です。ウエストから腰、渡り幅（脚の付け根部分の幅）が太めのパターンなら、腰回りにゆとりがあるシルエットに。リラックス感があり、使い勝手のいいイージーパンツとして活躍します。

/ Point! / **服地の選び方**

- ☑ 厚さは、やや薄地～中程度の厚みがおすすめ
- ☑ 適度なハリ感、反発感があるとシャーリングがふくらみ、シルエットが保たれる
- ☑ 落ち感のあるものなら細めのシルエットに
- ☑ 肌触りのよい天然繊維ならリラックスできるルームウエアに
- （注意）かたい服地を使用するとシャーリング部分が厚くなりもたつく
- （注意）薄地や透けそうな色の場合は裏地を付ける

おすすめの服地

Textile
ポリエステル／デシン ▶P173

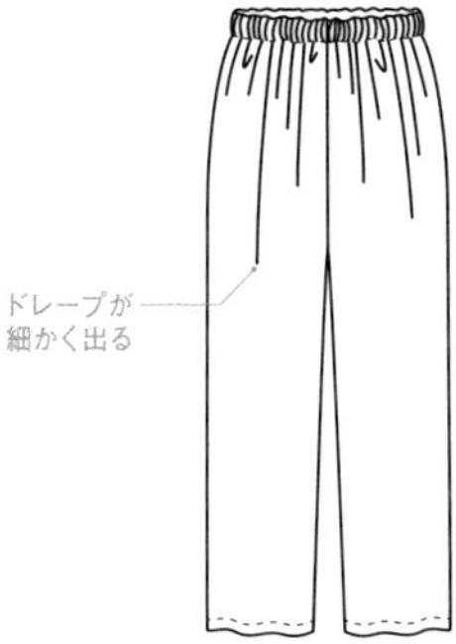

ややや薄地でやわらかく、落ち感があり、とろみが肌に心地よい服地。細かくドレープが出て、ほっそりとしたシルエットに仕上がります。

➡作品サンプル P86

Season 春 夏 秋 冬

洗濯しやすい

Textile
ポリエステル／ウエザー

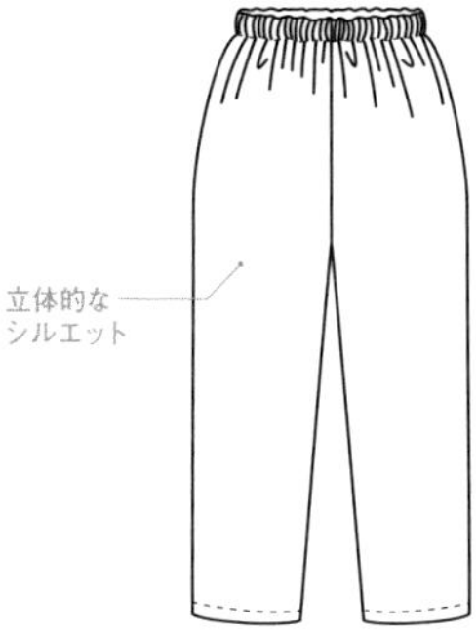

軽く、さらっとしたドライな質感の服地です。ハリ感が強めで、ウエストシャーリング部分が程よくふくらみ、腰から裾にかけて立体感のあるシルエットが保たれます。

➡作品サンプル P87

Season 春 夏 秋 冬

洗濯しやすい

Textile
綿／ローン ▶P164

薄地でやわらかいので、シャーリング部分は細かいひだになり、少し細めのシルエットに。織りが細かく反発感のあるものを選ぶと、身体のラインを拾いにくいです。

Season 春 夏 秋 冬

縫いやすい　洗濯しやすい

Textile
綿／サッカー、リップル ▶P167

表面に凹凸があって肌に接触する面が少ないサッカーやリップル加工の服地は、通気性に優れています。リラックス感のある春夏のルームウエアに多く使用されています。

Season 春 夏 秋 冬

縫いやすい　洗濯しやすい

Textile
ポリエステル／ジョーゼット ▶P172

薄地で落ち感があるので、シャーリング部分は細かいひだになり、細めのシルエットに。とろみがあって着心地がよく、ポリエステルならシワにもなりにくいです。

Season 春 夏 秋 冬

洗濯しやすい

Textile
リネン／平織り、ツイル ▶P183

厚みやかたさがあるとシャーリング部分が厚くなるので、やや薄地～中程度の厚みのものがおすすめです。着ているうちに身体になじみ、清涼感もあり、着心地がよいです。

Season 春 夏 秋 冬

縫いやすい　洗濯しやすい

/ Pants 03 / SAMPLE

シャーリングパンツ

Textile

ポリエステル／デシン

薄い ▼ 厚い
落ち感 ▼ ハリ感
反発感が弱い ▼ 反発感が強い

落ち感があり、細めのシルエットで裾にとろんとたるみが出ます。さらりとした着心地でリラックスウエアにもおすすめ。

 ｜使用パターン:MPL／◆P2205 シャーリングセミテーパードパンツ

Polyester/Weather

Textile

ポリエステル／ウエザー

薄い ▼ 厚い
落ち感 ▼ ハリ感
反発感が弱い ▼ 反発感が強い

シャーリング部分は、ゆるやかなひだになります。軽くてさらっとドライな質感。シワになりにくく旅行におすすめです。

ワイドパンツ

ウエストから裾にかけて全体的に幅の広いパンツです。ウエスト部分は、タックやダーツが入ったものがあり、裾にかけてのラインはストレートまたはフレア―などのデザインがあります。ゆとりがあるので体型のカバーもできます。幅が広くリラックス感がありますが、センタープレスが入ると、かちっとした印象に。コンパクトなトップスと相性がよいです。

/ Point! / 服地の選び方

- ☑ 厚さは、やや薄地～やや厚地まで使用できるが、タックやウエストの始末にもよる
- ☑ タックがある場合は、やや薄地～やや厚地で落ち感があるときれいなドレープが出る
- ☑ 落ち感のある服地は、細めでやわらかいシルエットに
- ☑ ハリ感のある服地は幅の広いシルエットになり、身体のラインを拾いにくい
- (注意) タックがあるパターンの場合、かたすぎる服地はボリュームが出る
- (注意) 薄地や厚地の場合は、ウエストは見返し始末で脇にコンシールファスナーのパターンが向いている

おすすめの服地

Textile

ポリウレタン混／2WAYストレッチ

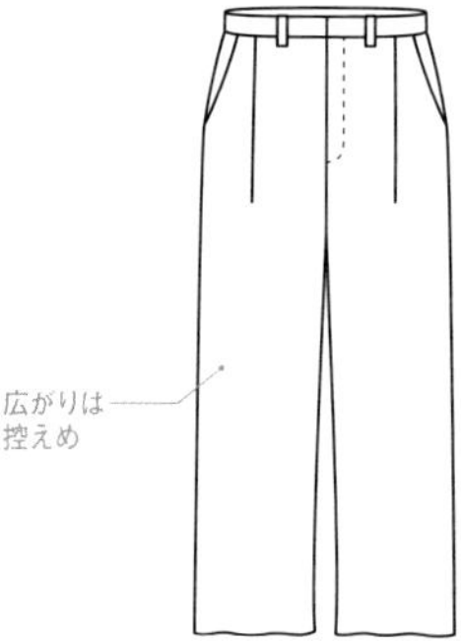

弾力性、伸縮性が高いポリウレタンが入った服地。適度な重みと落ち感でシルエットが広がりすぎず、タックがあると、裾にかけてドレープが出て上品な仕上がりに。

➡作品サンプル P90

Season 春 夏 秋 冬

洗濯しやすい

Textile

ウール／サージ　▶P186

やや厚地の丈夫な服地です。ハリ感と反発感があり、ワイドなシルエットを保ちます。タックがあるパターンの場合、途中までアイロンで押さえるとすっきり仕上がります。

➡作品サンプル P91

Season 春 秋 冬（夏は非該当）

Textile

綿／チノ・クロス　▶P178

やや厚地でかたくハリ感があり、身体のラインを拾いにくいです。カジュアルな服地ですが、単糸で作られたものは薄くしなやか。タックがあるデザインなら薄地がおすすめ。

Season 春 夏 秋 冬

縫いやすい　洗濯しやすい

Textile

綿／ツイル　▶P179

やや厚地でかたくハリ感があり、ワイドなシルエットをキープして、身体のラインを拾いにくいです。タックはもたつく場合があるので、ダーツのパターンにおすすめ。

Season 春 夏 秋 冬

縫いやすい　洗濯しやすい

Textile

リネン／ツイル　▶P183

やや厚地なら、身体のラインを拾わず、くたっとラフな雰囲気に仕上がります。透けが気にならない色なら、裏地もいらず、真夏も活躍する涼しいパンツになるでしょう。

Season 春 夏（秋 冬は非該当）

縫いやすい　洗濯しやすい

Textile

ウール／トロピカル　▶P186

薄手でさらっとした感触で通気性もよい、夏向きのウール。適度なハリ感があり肌離れがよく、シルエットを保ちつつ、しなやかできれいめなパンツになります。

Season 春 夏（秋 冬は非該当）

縫いやすい

ワイドパンツ

Textile

ポリエステル、レーヨン、ポリウレタン／2WAYストレッチ

薄い ―――▼― 厚い
落ち感 ―▼――― ハリ感
反発感が弱い ――▼―― 反発感が強い

弾力があり、たて・よこに伸びる素材。適度な重みと落ち感があるので、タックがたてにすっと落ち、広がりすぎません。

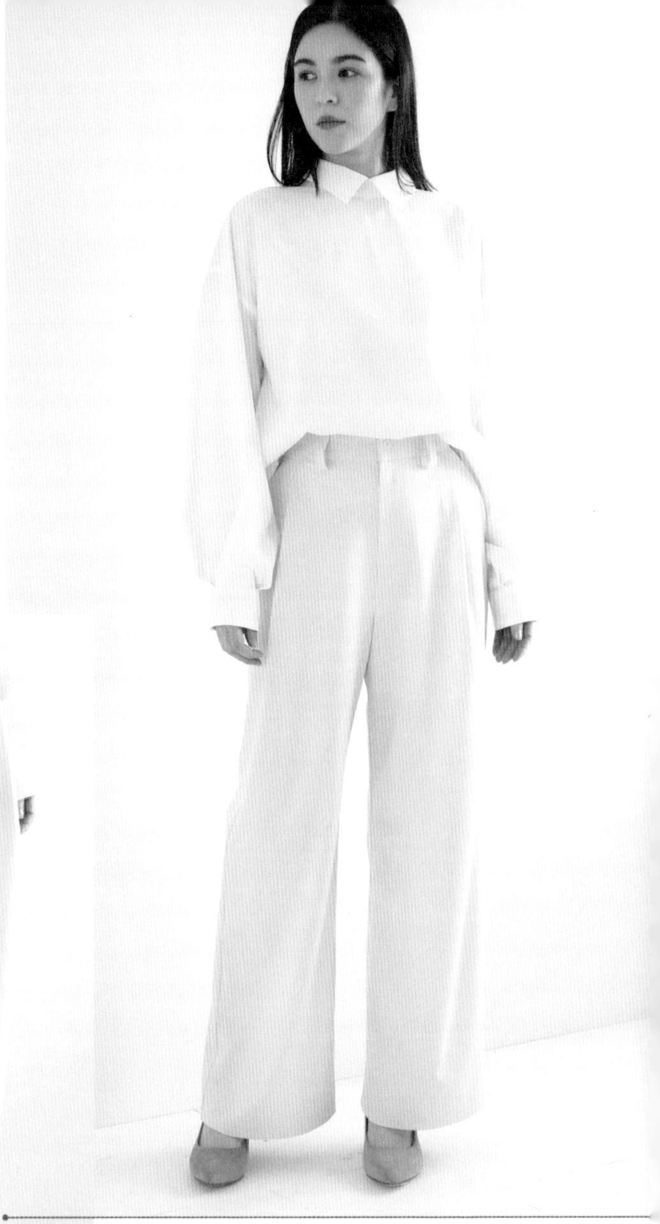

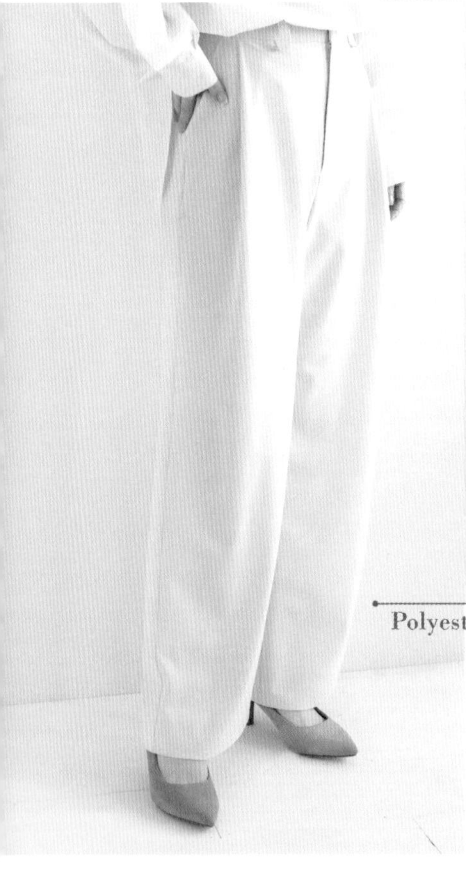

Polyester,Rayon,Polyurethane/2WayStretch

Wool/Serge

Textile

ウール／サージ

薄い ▼ 厚い

落ち感 ▼ ハリ感

反発感が弱い ▼ 反発感が強い

ハリ感があり少しかための服地です。幅広いシルエットがきれいに保たれます。

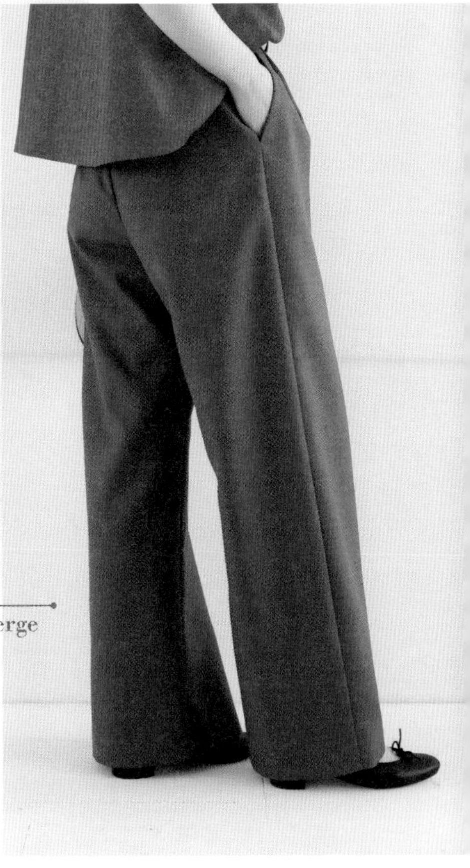

コクーンパンツ

ウエストからふくらみ裾にかけてすぼまる、コクーン（繭）のような丸みのあるシルエットが特徴のパンツ。ウエストをゴム仕様にしたリラックス感のあるカジュアルな印象のものも多いです。ウエスト部分と裾部分にギャザーやダーツを入れると、丸みがしっかり出ます。パターンと服地によって、コクーンの丸みの出方が変わるので、作りたいシルエットを考えて選びましょう。

/ Point! / **服地の選び方**

☑ 厚さは、やや薄地〜中程度の厚みがおすすめ

☑ ハリ感のある服地なら、コクーンシルエットがしっかり出る

☑ 落ち感のある服地なら、丸みの出る位置が下がり、裾に丸みが出る

（注意）ウエストゴムのパターンの場合、厚地のものは不向き

（注意）ウエストの始末とシルエットの丸みから、厚さとハリ感を決める

おすすめの服地

Textile

リネン／キャンバス ▶P183

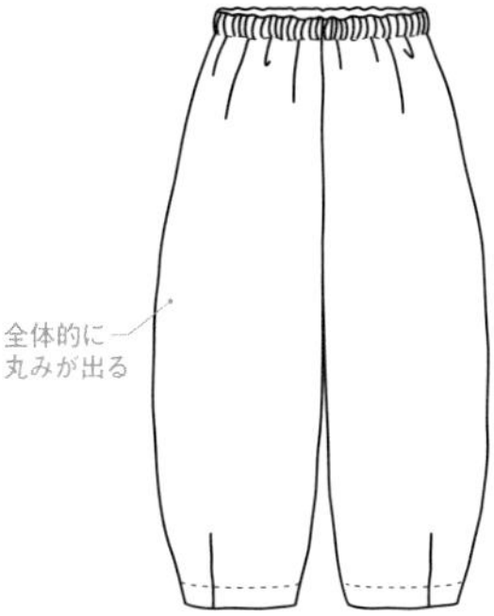

キャンバスは、太めの糸で作られていてかたさとハリ感がありますが、織り目はざっくりとしていて通気性が高いです。ハリ感が強いので、丸みはしっかりと出ます。

➡作品サンプル P95

Season 春 夏 秋 冬

縫いやすい　洗濯しやすい

Textile

ポリエステル／デシン ▶P173

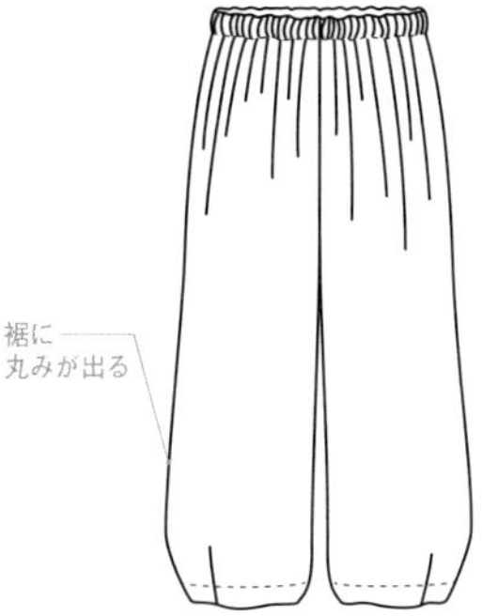

やや薄地で落ち感があるので、コクーンシルエットのふくらみが下がり、裾に丸みが出ます。全体的に細めのやわらかいシルエットになります。

Season 春 夏 秋 冬

洗濯しやすい

Textile

綿／ブロード ▶P165

程よいハリ感があり、適度にコクーンの丸みあるシルエットが出ますが、厚みのある生地に比べて大きく広がりすぎません。ワッシャー加工ならシワが気になりません。

Season 春 夏 秋 冬

縫いやすい　洗濯しやすい

Textile

リネン／ツイル ▶P183

中程度の厚みのものなら、ウエストがギャザーのパターンにも合います。シルエットは広がりすぎず、リネン特有のクタッと感で、着ているうちに身体になじみます。

➡作品サンプル P94

Season 春 夏 秋 冬

縫いやすい　洗濯しやすい

Textile

ポリエステル／ジョーゼット ▶P172

やわらかく、とろみや落ち感がある服地です。細身のシルエットになりますが、落ちた服地が裾部分にたまって丸みが出ます。

Season 春 夏 秋 冬

洗濯しやすい

/ Pants 05 / SAMPLE

コクーンパンツ

Textile | **リネン／ツイル**

薄い	・・▼・・	厚い
落ち感	・・・▼・	ハリ感
反発感が弱い	・・▼・・	反発感が強い

適度なハリ感がありますが、天日干し加工でシワがあり、細めのシルエットでこなれた仕上がりに。

使用パターン:MPL／◆P2307 コクーンパンツ　※2点は、裾のダーツの有無を変えて制作しています。

Textile **リネン/キャンバス**

薄い ▼ 厚い

落ち感 ▼ ハリ感

反発感が弱い ▼ 反発感が強い

少し太めの糸で織られたかたさとハリ感があるリネン。裾にダーツを入れているので、脇から裾、股下の丸みがしっかりと出ています。

Dress ワンピース

全体のシルエットや着丈、衿や袖の形、ギャザーなどの仕様や、デザインのバリエーションが豊富なワンピース。その分、服地によって印象が大きく変わります。

Dress

CHECK POINT

☑ 衿のデザイン

衿のあるデザインの場合、織りが細かくハリ感のある服地のほうが、形がはっきりと出る。

☑ 袖の形

袖付けがある場合、ストレッチの効いた服地は伸びやすいので注意。剣ボロがある場合、粗い織りの服地はほつれやすいので、織りが細かくハリ感のあるものがよい。

☑ シルエット

身体のラインを拾わないシルエットに仕上げたいならハリ感のある服地、細身のシルエットにするなら落ち感のある服地を選ぶ。

コクーンワンピース

コクーン（cocoon）とは「繭」という意味。繭の形のように、中央部分はふくらんで丸みがあり、裾はすぼまったデザインのワンピースのことを、コクーンワンピースといいます。ふくらみの位置やボリュームはデザインにもよりますが、多くはウエストや腰回り、太腿部分にゆとりがあるため、リラックス感があり、体型もカバーできるのが魅力。丸みがありつつ、モードな印象や上品な雰囲気があり、シンプルな膝下丈のデザインなら、使用する服地によってはオケージョンにも対応できます。

/ Point! /

服地の選び方

- ☑ 厚さは、やや薄地〜やや厚地がおすすめ
- ☑ コクーンシルエットの丸みをしっかり出すならハリ感のある服地
- ☑ オケージョン対応なら、反発感がありシワになりにくい服地がおすすめ
- （注意）落ち感の強い服地は、コクーンシルエットの丸みが控えめになる

おすすめの服地

Textile
ポリエステル／ベネシャン
▶P185

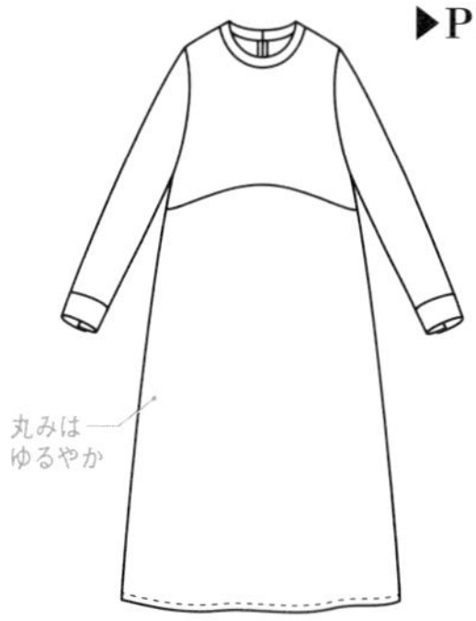

ベネシャンは織りが細かく、光沢感がある服地で、オケージョンにもぴったり。ポリエステルならお手入れも簡単。適度な重さで、シルエットはゆるやかな丸みになります。

➡作品サンプル P100

Season **春** 夏 **秋** **冬**

洗濯しやすい

Textile
ポリエステル／2WAYストレッチ

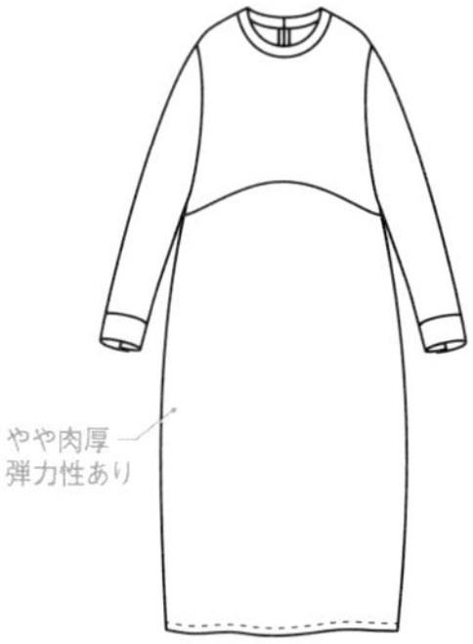

ポリエステルに弾力性・伸縮性が高いポリウレタンが入った服地はやや肉厚。ファスナー付きのデザインだと縫製で伸びやすいので、プルオーバータイプにおすすめです。

➡作品サンプル P101

Season **春** 夏 **秋** **冬**

洗濯しやすい

Textile
綿／タイプライター ▶P166

織りが細かくハリ感が強いので、丸みのあるコクーンシルエットに仕上がります。ワッシャー加工が施されたものならシワが目立たず、アイロンなしで着られます。

Season **春** **夏** **秋** **冬**

縫いやすい　洗濯しやすい

Textile
リネン／平織り ▶P183

中程度の厚みの場合、適度にハリ感がありますが、リネン特有のくたっとした素材感で、コクーンのラインはよこに広がりすぎずに自然なふくらみになります。

Season **春** **夏** **秋** 冬

縫いやすい　洗濯しやすい

Textile
ポリエステル／ジョーゼット
▶P172

表面に細かいシボがあり、薄手でも弾力性と反発感、落ち感があります。そのため、コクーンの丸みは控えめで、細めのシルエットに。フォーマルにもおすすめです。

Season **春** **夏** **秋** 冬

洗濯しやすい

Textile
ポリエステル／サテン
▶P174

とろみがありシルエットは細め。裾にかけて光沢のあるドレープがきれいに落ちます。ワッシャー加工が施されたものは天然繊維のような風合いでカジュアルな雰囲気。

Season **春** 夏 **秋** **冬**

洗濯しやすい

/ Dress 01 / SAMPLE

コクーンワンピース

Textile

ポリエステル／ベネシャン

薄い	─┴─▼─┴─	厚い
落ち感	─▼─┴─┴─	ハリ感
反発感が弱い	─┴─┴─▼─	反発感が強い

落ち感があるためコクーンの丸みは控えめ。なめらかで光沢があり、フォーマルなシーンにもよく使われます。

Polyester/2WAY Strech

Textile

ポリエステル／2WAYストレッチ

薄い ├─┴─┴─▼─┤ 厚い
落ち感 ├─┴─▼─┴─┤ ハリ感
反発感が弱い ├─┴─▼─┴─┤ 反発感が強い

やや肉厚の素材で、適度な重さがあります。そのためシルエットは広がりすぎず、やわらかく丸みが出ます。

ウエストシェイプ ワンピース

切り替えやダーツなどでウエスト部分を絞ったワンピースは、シルエットにメリハリがあり、スタイルをきれいに見せてくれます。シェイプの位置がウエストより高めのハイウエストデザインなら、お腹や腰回りをカバーしつつ、脚長効果も。ウエストが細いデザインはファスナーやボタン開きなどの仕様になり、縫製のハードルは少し上がります。服地を選ぶときは、シルエットの見え方に加え、すべりにくいなどの縫いやすさも重要です。

/ Point! / **服地の選び方**

- ☑ 厚さは、中程度の厚み～やや厚地がおすすめ
- ☑ メリハリのあるウエストラインにしたいなら、ハリ感や反発感のある服地
- ☑ なだらかなウエストラインにしたいなら、落ち感のある服地
- (注意) ファスナーが付くデザインの場合、ストレッチの効いた服地は縫いづらい
- (注意) 薄くやわらかい服地だと、メリハリのあるシルエットになりにくい

おすすめの服地

Textile
ポリエステル／トロピカル ▶P186

ハリ感、反発感があるので、メリハリのあるシルエットに。軽くて肌離れがよく、また、ポリエステルは洗濯もしやすく、しなやかで、フォーマルな仕上がりに。

➡作品サンプル P104

Season 春 夏 秋 冬

洗濯しやすい

Textile
リネン／平織り ▶P183

リネン特有のシワとくたっとした素材感で広がりすぎず、シルエットのメリハリは控えめで、ナチュラルな仕上がりになります。

➡作品サンプル P105

Season 春 夏 秋 冬

縫いやすい　洗濯しやすい

Textile
綿／タイプライター ▶P166

織りが細かくハリ感があるため、メリハリあるラインに。綿はシワになりやすいため、ワッシャー加工が施されたものもおすすめ。シルエットもよりはっきり出ます。

Season 春 夏 秋 冬

縫いやすい　洗濯しやすい

Textile
綿／サッカー、リップル ▶P167

表面に凹凸があるサッカーやリップル加工の服地は、軽さとハリ感があり、立体的なシルエットになります。肌に接地する面が少なく通気性がよいため、夏におすすめ。

Season 春 夏 秋 冬

縫いやすい　洗濯しやすい

Textile
ポリエステル／ジョーゼット ▶P172

表面に細かいシボがあり、薄手でも弾力性と反発感、落ち感があります。コンパクトなシルエットになり、ウエストのメリハリは控えめでやわらかい印象に。

Season 春 夏 秋 冬

洗濯しやすい

/ Dress 02 / SAMPLE

ウエストシェイプ ワンピース

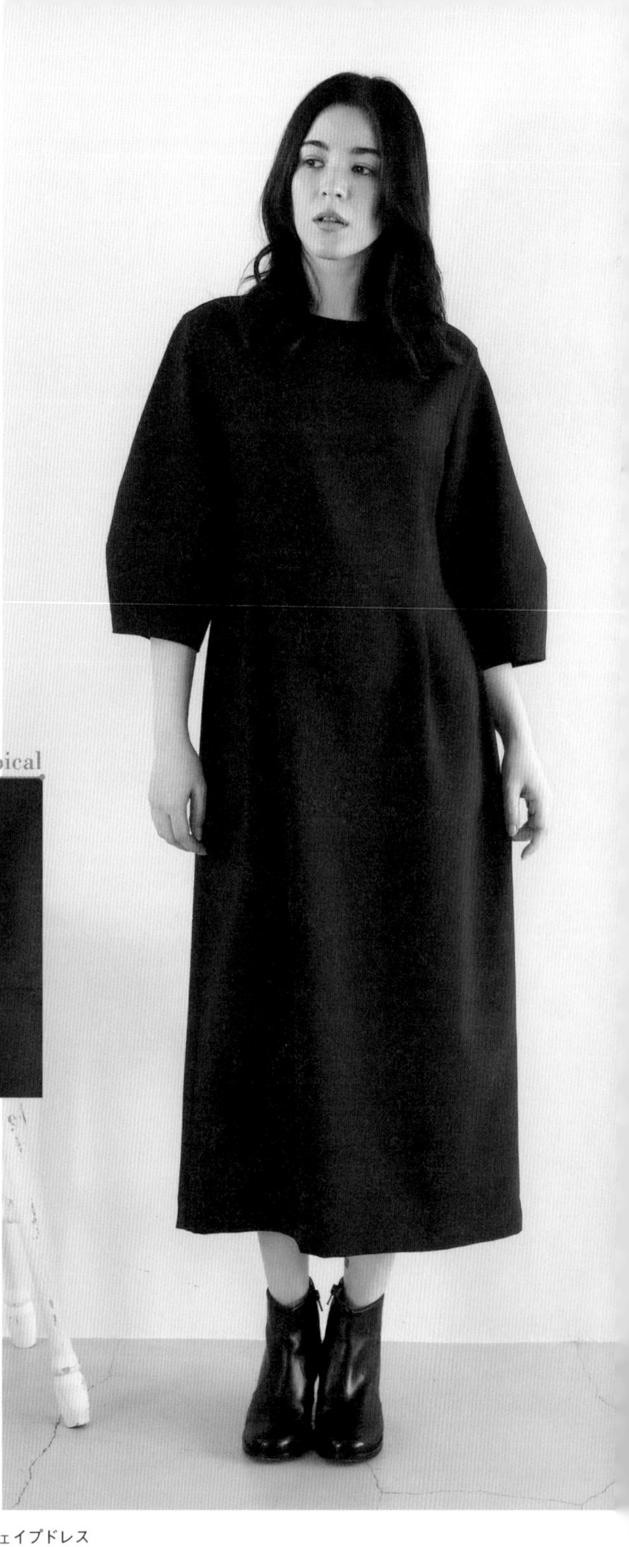

Polyester/Tropical

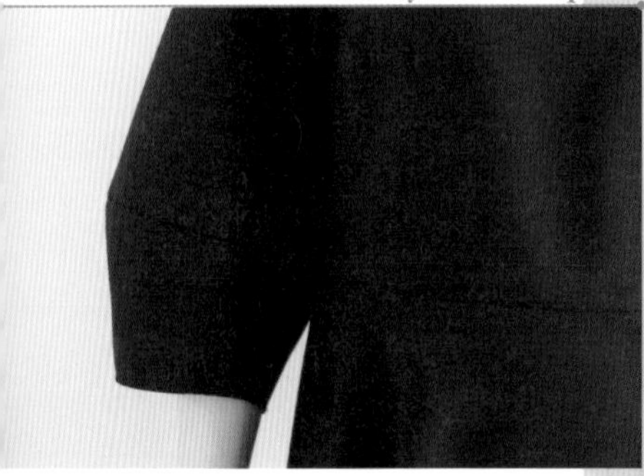

Textile

ポリエステル／トロピカル

薄い ▼ 厚い

落ち感 ▼ ハリ感

反発感が弱い ▼ 反発感が強い

反発感が強いためウエストラインにメリハリが出てランタンスリーブも立体的に仕上がります。

Linen/Plain Weave

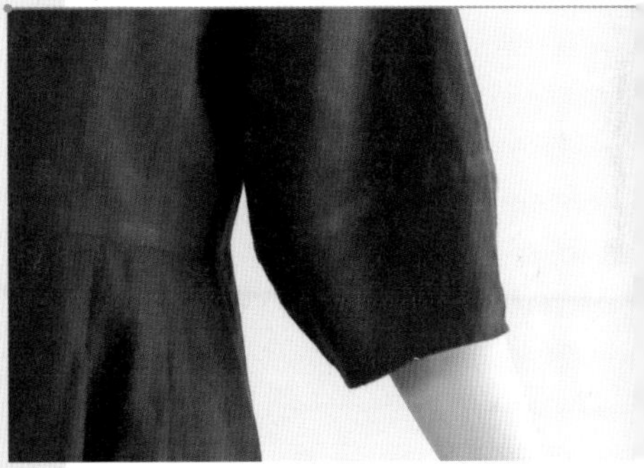

Textile　**リネン／平織り**

薄い	▼（中間やや薄い寄り）	厚い
落ち感	▼（ハリ感寄り）	ハリ感
反発感が弱い	▼（中間やや弱い寄り）	反発感が強い

細かいシワとくたっと感のあるリネンなら、ウエストラインも袖のふくらみも自然にやわらかく仕上がります。

ネックギャザー
ワンピース

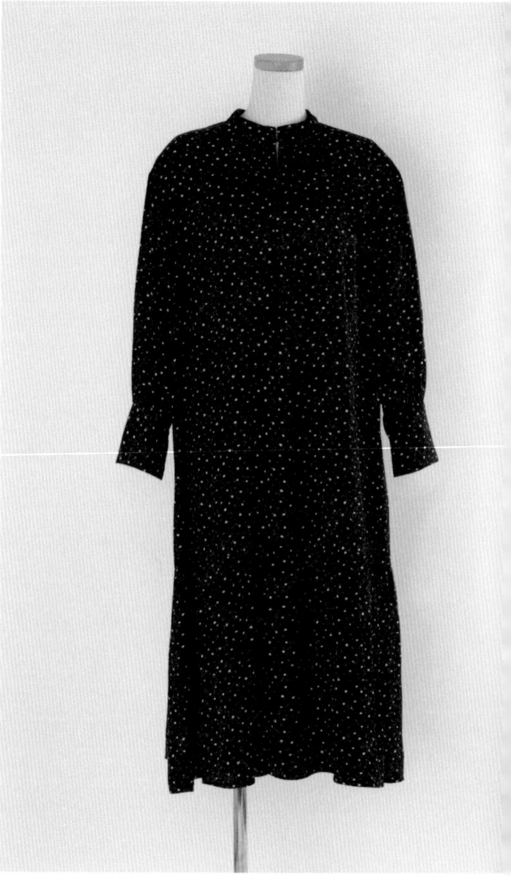

ギャザーとは、布を寄せて作るひだのこと。首元にギャザーを入れることで、全体的にふんわりとしたシルエットの、甘い雰囲気のワンピースになります。首元だけでなく、肩や袖口、またスカートの裾部分に切り替えでギャザーが入るものもあります。基本的にギャザーをたくさん寄せればボリュームが大きくゆったりと、少なければコンパクトになりますが、使用する服地によってもシルエットは変わります。

/ Point! / 服地の選び方

- ☑ 厚さは、やや薄地〜中程度の厚みがおすすめ
- ☑ ボリュームのあるシルエットにするなら適度なハリ感のある服地
- ☑ 細めのシルエットにするなら落ち感のある服地
- ☑ 長袖、ロング丈の場合、服地の分量が多くなるので、軽いものが楽に着られる
- ☑ 落ち感のある服地なら、ギャザーから裾に細かいドレープ出る

（注意）厚みのある服地やかたい服地は、ギャザーがきれいに寄せられない

おすすめの服地

Textile
ポリエステル/サテン ▶P174

柔らかくとろみがあり、適度な重さもあるので、ギャザーのひだは細かく、裾に向かってドレープが落ちて、華奢なシルエットになります。

➡作品サンプル P108

Season 春 夏 秋 冬

洗濯しやすい

Textile
綿/タイプライター ▶P166

タイプライターは織が細かくハリ感があるので、ギャザーにボリュームが出てふんわりとしたシルエットになります。薄めのものがギャザーに合い、おすすめです。

Season 春 夏 秋 冬

縫いやすい　洗濯しやすい

Textile
レーヨン/ローン ▶P164

レーヨンはやわらかく、適度な重さととろみがあるため、ギャザーのふくらみは小さく、裾に向かって細かいドレープが落ちます。ボリュームは控えめの細めのシルエットになります。

Season 春 夏 秋 冬

Textile
ナイロン/ローン ▶P164

やわらかく軽いので、ギャザーは細かく出てふんわりとしたシルエットに。ワッシャー加工などで適度なハリ感があると、より立体的に広がります。

➡作品サンプル P109

Season 春 夏 秋 冬

洗濯しやすい

Textile
リネン/平織り ▶P183

やや薄地～中程度の厚みの素材で作ると、ギャザーが多めでも重くなく、ボリュームは控えめでナチュラルな印象に。リネンの特徴であるシワ感とくたっと感を出すために、水洗いの後にわざとたてにシワを作って干すのもよいでしょう。

Season 春 夏 秋 冬

縫いやすい　洗濯しやすい

Textile
ポリエステル/ローン ▶P164

ポリエステルならではの落ち感と適度な反発力があり、シワになりにくいです。細めのシルエットになります。

Season 春 夏 秋 冬

洗濯しやすい

/ Dress 03 / SAMPLE

ネックギャザーワンピース

Polyester/Satin

Textile

ポリエステル／サテン

薄い ─▼──── 厚い
落ち感 ▼───── ハリ感
反発感が弱い ───▼── 反発感が強い

ギャザーたっぷりのデザインですが、やわらかく落ち感のある素材であれば、細かくドレープが出て、広がりすぎません。

使用パターン:MPL／◆02200 ネックギャザードレス　※2点は、裾のデザイン(切り替えの有無)を変えて制作しています。

Nylon/Lawn

Textile **ナイロン／ローン**

薄い ―▼―――― 厚い
落ち感 ―▼―――― ハリ感
反発感が弱い ――▼―― 反発感が強い

ワッシャー加工されたさらっとした素材。ハリ感は少なめですが軽さがあり、ギャザー部分からふんわりと広がります。

ウエストギャザーワンピース

ウエスト部分の切り替えにギャザーを寄せたデザインです。メリハリのあるシルエットに、さらにギャザーのボリュームで立体感が増し、お腹や腰回りの身体のラインをカバーしてくれます。ギャザーは、スカート部分だけでなく上身頃にも入ったり、脇に部分的に入ったりと、入る位置や分量でシルエットも変わります。厚みのある服地はギャザーがきれいに寄せられないので、やや薄地～中程度の厚みの服地を選びましょう。

/ Point! / **服地の選び方**

- ☑ 厚さは、やや薄地～中程度の厚みがおすすめ
- ☑ メリハリのあるウエストラインにするなら、適度にハリ感のある服地がおすすめ
- ☑ なだらかなウエストラインにするなら、落ち感のある服地がおすすめ
- ☑ 落ち感のある服地なら、ギャザーから裾に細かいドレープが出る
- (注意) ファスナーが付くデザインの場合、ストレッチの効いた服地は縫いづらい
- (注意) かたい服地、厚みのある服地は、ギャザーがきれいに寄せられない

おすすめの服地

Textile
リネン／平織り ▶P183

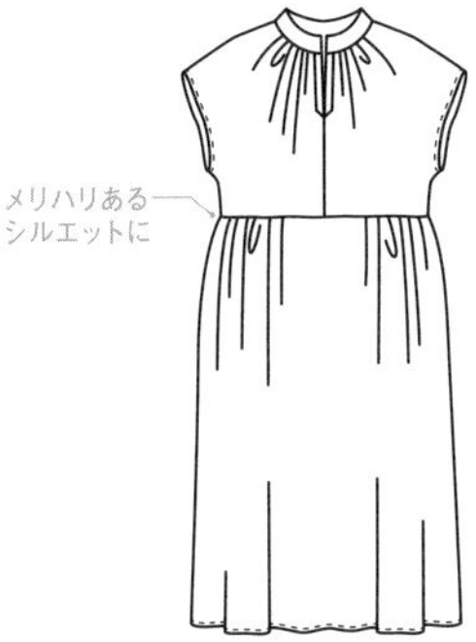

リネンはハリ感があるので、ギャザーによってボリュームが出て、ウエスト切り替え部分の上下でメリハリのあるシルエットに。シワ感が強いものは、よりナチュラルな印象です。 ➡作品サンプル P112・113

Season 春 夏 秋 冬

（縫いやすい）（洗濯しやすい）

Textile
ポリエステル／ジョーゼット ▶P172

落ち感があるので、ウエストラインはなだらかで、細めのシルエットになります。反発感もあるので、ギャザーのひだはくっきり出て、裾にかけて細かいドレープが出ます。

Season 春 夏 秋 冬

（洗濯しやすい）

Textile
綿／ローン ▶P164

やや薄地でも、適度なハリ感があるものなら、スカート部分は細めながら立体感のあるシルエットがキープできそうです。

Season 春 夏 秋 冬

（縫いやすい）（洗濯しやすい）

Textile
綿／ブロード ▶P165

適度なハリ感があり、ギャザー部分にボリュームが出てメリハリのあるウエストラインに。綿はシワになりやすいですが、ポリエステル混ならアイロンなしでもきれいです。

Season 春 夏 秋 冬

（縫いやすい）（洗濯しやすい）

Textile
綿／タイプライター ▶P166

やや薄手でハリ感が弱めなら、ギャザーのボリュームは控えめで軽い仕上がりに。ハリ感が強いものなら、ギャザーにボリュームが出て、ふんわりとしたシルエットに。

Season 春 夏 秋 冬

（縫いやすい）（洗濯しやすい）

Textile
ポリエステル／ローン ▶P164

落ち感と適度な反発感があり、シワになりにくいです。ウエストのギャザーは裾に向かって細かいドレープになり、細めのシルエットに仕上がります。

Season 春 夏 秋 冬

（洗濯しやすい）

/ Dress 04 / SAMPLE

ウエストギャザーワンピース

Linen/Plain Weave (Sun Drying)

Textile

リネン／平織り（天日干し）

薄い ─▼──── 厚い
落ち感 ──▼── ハリ感
反発感が弱い ─▼──── 反発感が強い

細かいシワとシャリ感が特徴のリネン。袖口やスカート部分が適度に身体に沿い、ウエストの切り替えもなだらかです。

Linen/Plain Weave

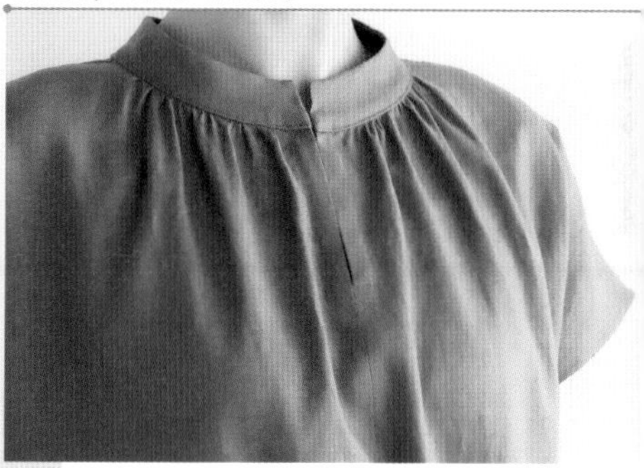

Textile | **リネン／平織り**

薄い	─┴─▼─┴─	厚い
落ち感	─┴─┴─▼─	ハリ感
反発感が弱い	─┴─▼─┴─	反発感が強い

ハリ感があるため、ウエストのギャザーがしっかり形を保ちつつ、くたっと感もあり、メリハリのあるシルエットに。

ドローストリング ワンピース

ドローストリングとは、引き紐のこと。ワンピースでは、ゆったりとした身幅のウエスト部分に紐通しを付けて、通した紐を引っ張ることでギャザーを寄せて好みの身幅に調整することができます。紐の引き具合でシルエットや雰囲気が変わり、紐がデザインのアクセントにも。紐の厚みや通すときのもたつきが気になる場合は、バイアスの布目で紐を作るとしなやかで通しやすくなります。

/ Point! / **服地の選び方**

- ☑ 厚さは、やや薄地～中程度の厚みがおすすめ
- ☑ ギャザーのボリュームを出したいなら、ハリ感のある服地
- ☑ 細身のシルエットにしたいなら、落ち感のある服地
- ☑ 身幅の広さからギャザーになるボリュームを考えて、厚みとハリ感で服地を選ぶ
- ☑ すべりのよい服地なら、スムーズに紐を引ける

（注意）かたい服地、厚みのある服地だと、紐や紐通しが作りにくく、ギャザー部分がかたくなり紐を引きにくい

おすすめの服地

Textile
綿／タイプライター ▶P166

織りが細かくハリ感があるので、紐を絞ると、ギャザー部分から裾に向かって広がりが出て、メリハリのあるシルエットに。紐はバイアスの布目だとしなやか。

➡作品サンプル P116

Season 春 夏 秋 冬

縫いやすい　洗濯しやすい

Textile
レーヨン／ローン ▶P164

ローンはやや薄手ですが、レーヨンならではの適度な重さと落ち感があり、ウエストのギャザーから裾に向けて細かいドレープが出るでしょう。

➡作品サンプル P117

Season 春 夏 秋 冬

Textile
綿／ローン ▶P164

軽さがあり、ふんわりとしたシルエットになります。ローンはポリエステルもおすすめで、ドレープ性があり細めのシルエットに。滑りがよく紐が引きやすいです。

Season 春 夏 秋 冬

縫いやすい　洗濯しやすい

Textile
綿／ブロード ▶P165

適度なハリ感があり、ギャザー部分にボリュームが出てメリハリのあるウエストラインに。綿はシワになりやすいですが、ポリエステル混ならアイロンなしでもきれい。

Season 春 夏 秋 冬

縫いやすい　洗濯しやすい

Textile
リネン／平織り ▶P183

中程度の厚みとハリ感でギャザー部分は少し広がりますが、リネン特有のシワ感とくたっと感でナチュラルにドレープが出ます。

Season 春 夏 秋 冬

縫いやすい　洗濯しやすい

Textile
ポリエステル／デシン ▶P173

やや薄地で落ち感ととろみがあり、華奢なシルエットに。ギャザーから裾に向かって細かいドレープが出ます。すべりがよく紐も引きやすいです。

Season 春 夏 秋 冬

洗濯しやすい

/ Dress 05 / SAMPLE

ドローストリング
ワンピース

Cotton/Typewriter

Textile **綿／タイプライター**

薄い ▼ 厚い
落ち感 ▼ ハリ感
反発感が弱い ▼ 反発感が強い

織りが細かく少しかための服地。ウエストの絞った部分からボリュームが出て、裾にかけて大きなドレープに。

 | 使用パターン:MPL／★M215 フラットカラードレス

Rayon/Lawn

Textile　**レーヨン／ローン**

薄い ▼ 厚い
落ち感 ▼ ハリ感
反発感が弱い ▼ 反発感が強い

反発感があるため、身体にまとわり付かずシルエットをキープ。薄手なので、繊細なギャザーに。

/ Dress 06 / GUIDE

ジャンパースカート

ノースリーブの上身頃とスカートがひと続きになったもの。アームホールは広く開いていて、身頃には適度なゆとりがあり、シャツやカットソー、ニットなどいろいろなコーディネートが楽しめます。VネックやUネック、プルオーバー、ファスナー付き、ボタンで前が開くタイプ、エプロンのように胸当てが付いたものなどデザインのバリエーションも豊富。袖付けがないので、ソーイング初心者でもチャレンジしやすいアイテムです。

/ Point! / **服地の選び方**

- ☑ 厚さは、中程度の厚み～やや厚地がおすすめ
- ☑ タイトなデザインのパターンなら、身体のラインを拾いにくいハリ感のある服地
- ☑ ボタンがあるデザインの場合は、ボタンホールを開けやすい厚さの服地
- ☑ 裏地がない仕様の場合は、肌触りやすべりのよい服地

（注意）ファスナーが付いたデザインの場合は、ストレッチの効いた服地は縫いづらい

おすすめの服地

Textile

ウール/サージ ▶P186

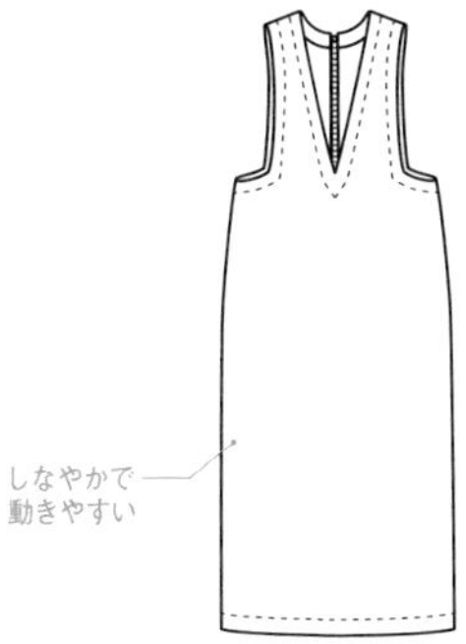

制服などにも使用される、しなやかで動きやすい服地です。ハリ感と反発感があり、スカート部分のシルエットが保たれます。

➡作品サンプル P120

Season (春) 夏 (秋) (冬)

Textile

ウール/カシミア織り

ウールでカシミアを模した服地。織りが細かくしなやか。適度に身体に沿った細めのシルエットですが、反発感があり、身体のラインは拾いにくいです。

➡作品サンプル P121

Season (春) 夏 (秋) (冬)

Textile

綿/デニム ▶P180

中程度の厚みのソフトデニムなら、適度なかたさとハリ感で、全体のシルエットがキープされます。デニムで作るとオールシーズン着回せるカジュアルな一着になります。

Season (春) (夏) (秋) (冬)

洗濯しやすい

Textile

リネン/ツイル ▶P183

タイトなシルエットの場合、リネンなら中程度の厚み〜やや厚地のツイルがおすすめ。適度なハリ感で腰回りのラインは隠しつつ、くたっと身体になじむシルエットになります。

Season (春) (夏) (秋) 冬

縫いやすい　洗濯しやすい

Textile

ウール/ギャバジン ▶P187

適度なハリ感と反発感があり、身体にまとわり付きにくく、スカート部分のシルエットもしっかり保たれます。耐久性が高く、長く着ているとつやを増す特性があります。

Season (春) 夏 (秋) (冬)

Textile

ポリエステル/ウールライク素材

ポリエステルなど化学繊維でウールを模したナチュラルな風合いの服地。ハリ感と反発感があり、シルエットがきれいに出ます。軽くてシワになりにくいのも魅力です。

Season (春) 夏 (秋) (冬)

洗濯しやすい

/ Dress 06 / SAMPLE

ジャンパースカート

Wool/Serge

Textile

ウール／サージ

薄い ———▼— 厚い

落ち感 ———▼— ハリ感

反発感が弱い ——▼—— 反発感が強い

適度なハリ感があり、スカート部分にゆるやかなドレープが出て、立体感のあるシルエットになります。

Wool/Cashmere Weave

Textile

ウール／カシミア織り

薄い	─ ─ ─ ▼ ─	厚い
落ち感	─ ─ ▼ ─ ─	ハリ感
反発感が弱い	─ ─ ─ ▼ ─	反発感が強い

適度な重さと落ち感で、脇線が落ちて裾がすぼまり華奢なシルエットに。なめらかな手触りで、身体にまとわり付きません。

キャミソールワンピース

キャミソールのように肩紐で吊るすタイプの袖がないワンピース。胸元は直線的なものやVにカットされたものなどがあります。デザインは細めのIライン、裾にかけて広がるフレアーシルエット、ウエストに切り替えがあるものやギャザーでボリュームを出したものなど多様。暑い季節に一枚で涼しく着られるだけでなく、上にシャツを羽織ったり中に薄手のカットソーを合わせたりと、重ね着も楽しめます。

/ Point! / **服地の選び方**

- ☑ 厚さは、やや薄地〜中程度の厚みがおすすめ
- ☑ タイトなデザインの場合は、身体のラインを拾いにくいハリ感のある服地がよい
- ☑ ファスナーが付くデザインの場合は、ストレッチの効いた服地は縫いづらい
- (注意) 肩紐が細いデザインの場合、かたく厚みのある服地は作りづらい
- (注意) 身幅の広さやシルエットに合わせて、厚みやハリ感を決める

おすすめの服地

Textile

リネン／キャンバス ▶P183

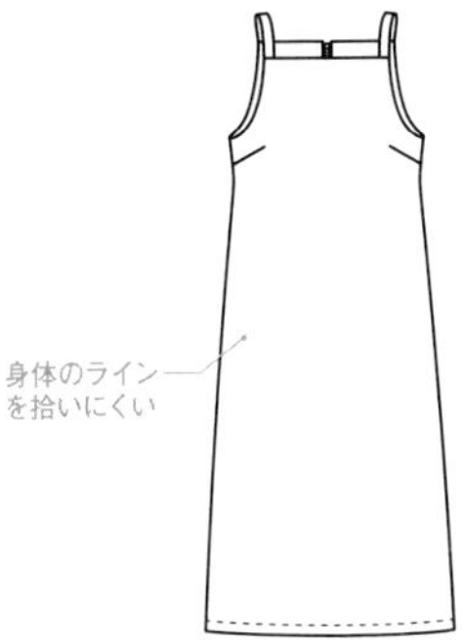

さらりとした肌触りのリネン素材の服地。キャンバスなら適度に厚みとハリ感があり、タイトなデザインでも身体のラインを拾いにくいです。

➡作品サンプル P124

Season 春 夏 秋 冬

縫いやすい　洗濯しやすい

Textile

レーヨン／ギャバジン ▶P187

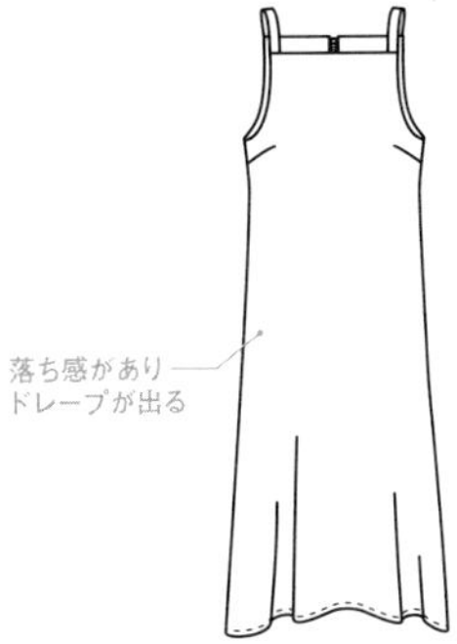

適度な落ち感があるため、ボリュームのあるデザインでも裾にかけてドレープが入り、広がりすぎません。すべりがよいので、インナーのように着ることもできます。

➡作品サンプル P125

Season 春 夏 秋 冬

Textile

綿／タイプライター ▶P166

ハリ感があり、どんなシルエットでも形がきれいに出ます。シワになりやすいため、シワが目立つデザインならワッシャー加工が施されたものもおすすめです。

Season 春 夏 秋 冬

縫いやすい　洗濯しやすい

Textile

リネン／ツイル ▶P183

リネンでも、ツイルなどキャンバスよりやわらかめでくたっと感のあるものなら、ナチュラルに身体に沿う細めのシルエットになります。

Season 春 夏 秋 冬

縫いやすい　洗濯しやすい

Textile

ポリエステル／ジョーゼット ▶P172

適度な重さがあり、袖ぐりから裾に向けて落ち感があります。反発感もあり、身体のラインを拾いにくく、身体の動きに合わせてしなやかに揺れます。

Season 春 夏 秋 冬

洗濯しやすい

キャミソールワンピース

Textile | **リネン／キャンバス**

薄い ├─┴─┴─▼─┤ 厚い
落ち感 ├─┴─┴─▼─┤ ハリ感
反発感が弱い ├─┴─▼─┴─┤ 反発感が強い

細めのデザインなので、適度な厚みとハリ感のある生地を使用し、身体のラインを拾わないシルエットに。

 | 使用パターン:MPL／◆02306 Iラインキャミソールドレス　※2点は、着丈、肩紐のデザインを変えて制作しています。

Textile

レーヨン／ギャバジン

薄い ▼ 厚い
落ち感 ▼ ハリ感
反発感が弱い ▼ 反発感が強い

落ち感がありつつ、さらっとしていて肌離れがよいので、キャミソールにおすすめ。光沢があり、上品な印象になりました。

Rayon/Gabardine

ジャケット・コート

Jacket & Coat

Jacket & Coat

CHECK POINT

☑ 衿のデザイン

刻み（V字の切り込み）のある衿の場合、織りが粗いとほつれやすい。織りが細かく、厚すぎない服地のほうが、縫いやすく、きれいに仕上がる。織りが粗い服地で作るならノーカラーがおすすめ。

☑ ポケットのデザイン

玉縁ポケットの場合は、厚みのある服地は縫いづらい。厚みのある服地なら、パッチポケットや脇の縫い目を利用したスラッシュポケットの方が縫いやすい。

☑ 袖のデザイン

大きくわけるとセットインスリーブとラグランスリーブがある。厚地など縫いにくい服地のときはラグランスリーブがおすすめ。

アウターは、季節や用途によって適した服地が大きく変わるので、まずはそこから絞り込みを。服地選びは色や表面の質感を優先させてしまいがちですが、ボリュームがあるアウターの場合は特に、厚みややわらかさ、重さも考えておきましょう。

テーラードカラージャケット

テーラードは「紳士服仕立て」を表す言葉で、テーラードカラーは男性用スーツに見られる刻み（切り込み）の入った衿のこと。衿は、高さや首からの離れ方で、ドレス仕様からカジュアルまで大きく雰囲気が変わります。また、前の合わせがボタン1列か2列か、シルエットがストレートかウエストシェイプかなど、デザインにバリエーションがあります。ウールの服地で作るかっちりとしたジャケットが定番ですが、リネンなどの軽くラフな服地で作ると、コーディネートの幅が広がります。

/ Point! / **服地の選び方**

- ☑ 春・夏向けなら、厚さはやや薄地〜やや厚地がおすすめ
- ☑ 秋・冬向けなら、厚さは中程度の厚み〜厚地がおすすめ
- ☑ 衿が付いている場合は、適度なハリ感のある服地

（注意）ストレッチの効いた服地は袖付け、ポケットなどで伸びるので縫いづらい

おすすめの服地

Textile

リネン／平織り ▶P183

かちっとしたジャケットもラフな雰囲気に。縫いやすい服地ですが、織りが粗いとほつれやすいので、ポケットはフラップや玉縁よりもパッチポケットがおすすめ。

➡作品サンプル P130

Season (春) (夏) 秋 冬

(縫いやすい)

Textile

ウール／トロピカル ▶P186

ウールの中では薄手でさらっとした感触で通気性もよく、夏向き。適度なハリ感がありシルエットが保たれます。また、シワになりにくくきちんとした印象です。

➡作品サンプル P131

Season (春) (夏) 秋 冬

(縫いやすい)

Textile

ウール／フランネル ▶P185

表面が起毛していて保温性が高い服地。適度な厚みとハリ感、弾力性があり、秋冬用のジャケットになります。

Season 春 夏 (秋) (冬)

Textile

ウール／ギャバジン ▶P187

適度なハリ感があり、身体の動きにしなやかに沿います。耐久性があるので、ベーシックで長く着られるデザインにおすすめです。

Season (春) 夏 (秋) (冬)

Textile

ウール／ベネシャン ▶P185

ベネシャンは光沢がありフォーマルウエアにも使用される服地。織りが細かく、反発感がありシワになりにくいので、ジャケットのシルエットがきれいに出ます。

Season (春) 夏 (秋) (冬)

Textile

ポリエステル／ウールライク

ポリエステルなど化学繊維で作られた、ナチュラルな風合いの服地。シワになりにくく扱いやすいのが魅力。服地によっては、手洗いできるジャケットになります。

Season (春) (夏) (秋) (冬)

テーラードカラージャケット

Linen/Plain Weave

Textile

リネン／平織り

薄い　厚い
落ち感　ハリ感
反発感が弱い　反発感が強い

織りが細かいやや厚地のリネンです。かたさはありつつ、シワ感もあり、くたっとしたラフな雰囲気になります。

使用パターン:MPL／◆J1903 ダブルジャケット　※2点は、着丈を変えて製作しています。

Textile

ウール／トロピカル

薄い	──▼──	厚い
落ち感	───▼─	ハリ感
反発感が弱い	───▼─	反発感が強い

薄手のサマーウールで、適度なハリ感があります。シワになりにくく、きちんと感のある上品なジャケットになります。

Wool/Tropical

ノーカラージャケット

衿のない、クルーネックのジャケットです。カジュアルに着られる一方で、スカートやパンツ、ワンピースとのセットアップでコーディネートでき、ビジネスやオケージョンにも対応。すっきりとシンプルなデザインなので、選ぶ服地によって印象は大きく変わります。ツイードなど表情のある服地もよく合います。メタルボタンやフラップポケットなどを付けると、デザインに個性が出ます。

/ Point! / 服地の選び方

- ☑ 厚さは、中程度の厚み〜やや厚地がおすすめ
- ☑ オケージョン対応なら、反発感がありシワになりにくい服地がおすすめ
- ☑ シンプルなデザインなので、凹凸のある服地や柄物も合う

（注意）織りの粗い服地の場合、玉縁ポケットはほつれやすいので、パッチポケットが向いている

おすすめの服地

Textile

ウール／カシミア織り

ウールでカシミアを模した服地です。織りが細かくしなやか。程よく身体に沿って、すっきりとしたシルエットになります。

➡作品サンプル P134

Season 春 夏 秋 冬

Textile

ウール／ツイード ▶P184

太い糸でざっくりと織ったツイードは、表面に柄や凹凸があり存在感のあるジャケットになります。密度が低くほつれやすいので、衿付きよりもノーカラーのほうが向いています。

➡作品サンプル P135

Season 春 夏 秋 冬

Textile

ポリエステル／ジョーゼット ▶P172

やや厚地のものを選ぶとシルエットがしっかり出るでしょう。落ち感もあるので、そのためシルエットは細めに。オケージョンにもおすすめの素材です。

Season 春 夏 秋 冬

洗濯しやすい

Textile

ウール／サージ ▶P186

学生服にも使われる丈夫な服地で、ジャケットにぴったりです。ハリ感としなやかさがあり、シルエットがきれいに出ます。

Season 春 夏 秋 冬

Textile

ウール／ギャバジン ▶P187

織りが細かく適度なハリ感があり、身体の動きにしなやかに沿います。耐久性があるので、ベーシックなデザインのジャケットなら、長く着ることができるでしょう。

Season 春 夏 秋 冬

/ Jacket & Coat 02 / SAMPLE

ノーカラージャケット

Textile

ウール／カシミア織り

薄い ―――▼― 厚い
落ち感 ――▼―― ハリ感
反発感が弱い ―――▼― 反発感が強い

フォーマルウエアにも使われる素材です。しなやかで適度に身体になじみ、すっきりとしたシルエットに。

使用パターン:MPL／◆J2400 ノーカラージャケット　※2点は、ポケットのデザインを変えて制作しています。

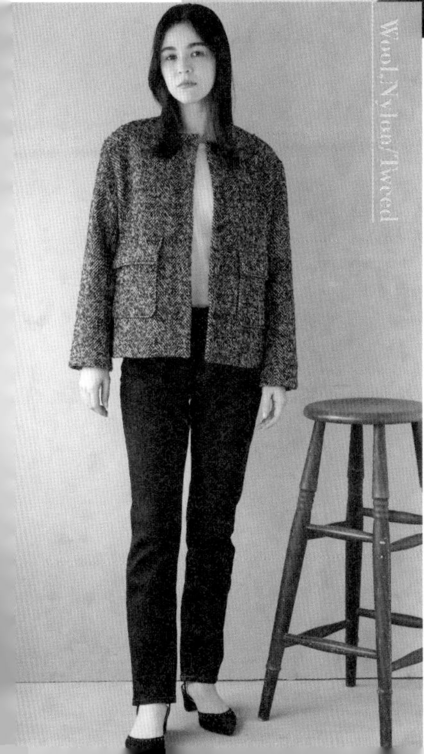

Textile

ウール、ナイロン／ツイード

薄い ▼ 厚い
落ち感 ▼ ハリ感
反発感が弱い ▼ 反発感が強い

糸のループによって表面に凹凸を出したループツイード。厚みによって形がしっかり保たれる、存在感のあるジャケットです。

ジップアップブルゾン

ブルゾンはフランス語で「短い上着」という意味の言葉で、前をファスナーで開け閉めするジップアップタイプは定番のデザインです。腰骨あたりまでの着丈で、裾部分をタックやゴム、紐などで絞り、ふんわりとブラウジングさせたシルエットが多いです。やわらかい服地で作ると、カーディガンのように羽織りやすいカジュアルなアウターに。ファスナーが付くので、縫製はハードルが高く感じますが、金具を見せるオープンファスナー仕様なら比較的縫いやすいです。服地とファスナーの色合わせによって雰囲気が変わり、選ぶ楽しさもあります。

/ Point! / **服地の選び方**

- ☑ 厚さは、やや薄地〜中程度の厚みがおすすめ
- ☑ 身体のラインを拾わないようにしたいなら、適度なハリ感のある服地
- ☑ 身体に沿う細身のシルエットにしたいなら、落ち感のある服地
- (注意) ストレッチの効いた服地は、ファスナー部分が縫いづらい
- (注意) 裾がふくらむデザインの場合、厚くかたい服地は野暮ったくなる場合も

おすすめの服地

Textile
ナイロン／ローン ▶P164

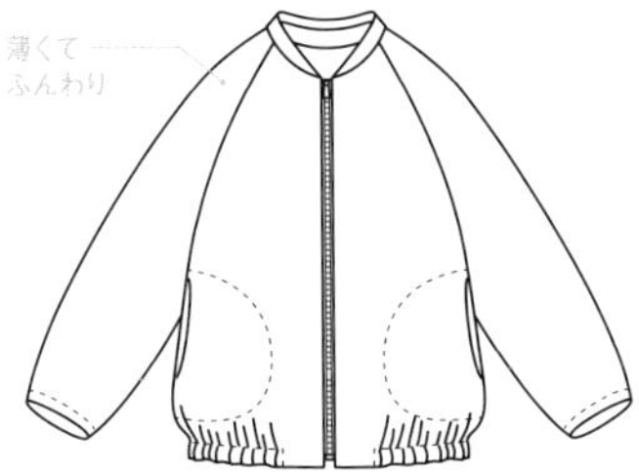

薄くて軽い、着心地のいいアウターになります。ワッシャー加工なら、よりふんわりとしたシルエットに。シワになりにくく、お手入れも簡単です。

➡作品サンプル P138

Season 春 夏 秋 冬

洗濯しやすい

Textile
ポリエステル／サテン ▶P174

とろみがあるサテンは、さらりとしてやわらかく着心地が抜群。ハリ感は少なくシルエットは細身です。光沢感もあるので、きれいめのブルゾンに仕上がります。

➡作品サンプル P139

Season 春 夏 秋 冬

洗濯しやすい

Textile
綿／タイプライター ▶P166

織りが細かくハリ感があるので、立体的なシルエットになります。ワッシャー加工が施されたものならシワが気にならず、シルエットにもボリュームが出ます。

Season 春 夏 秋 冬

縫いやすい 洗濯しやすい

Textile
ポリエステル／ローン ▶P164

ポリエステルならではの落ち感と適度な反発感があり、シワになりにくいです。身体に沿った細めのシルエットになります。

Season 春 夏 秋 冬

洗濯しやすい

Textile
ポリエステル／デシン ▶P173

とろみ、落ち感があり細身のシルエットになりますが、適度に反発感があり、肌にまとわり付きにくいです。さらっとした着心地で春から秋まで着られます。

Season 春 夏 秋 冬

洗濯しやすい

ジップアップブルゾン

Textile ナイロン／ローン

薄い ▼ 厚い
落ち感 ▼ ハリ感
反発感が弱い ▼ 反発感が強い

細かくシワの入ったワッシャー加工仕上げの服地。透け感があり、ふんわりと軽さを感じさせるブルゾンです。

Nylon/Lawn

使用パターン:MPL／◆J2203 2カラージップブルゾン ※2点は、衿のデザインを変えて制作しています。

Textile

ポリエステル／サテン

薄い ▼ 厚い
落ち感 ▼ ハリ感
反発感が弱い ▼ 反発感が強い

とろみのある生地で、身体に沿う細めのシルエットに。光沢とドレープで、ラフに着てもきれいめな印象に。

Polyester/Satine

トレンチコート

イギリス発祥で、元は第一次世界大戦で陸軍のために作られた防水のレインコート。定番のものは、前の合わせはボタンが2列のダブル・ブレスト、袖はラグラン・スリーブ、ウエストにベルトが付きます。また、袖口にもベルト、肩にはエポーレット（肩章）という飾り、背中にヨークが付くなど凝っていますが、現在はシンプルなデザインも多くなりました。服地は、ベージュやカーキの綿ギャバジンが定番。季節や目的に合わせて、ポリエステルなど化学繊維との混紡、ウールなどで作るのもよいでしょう。

/ Point! / 服地の選び方

- ☑ 厚さは、中程度の厚み〜やや厚地がおすすめ
- ☑ ディティール・デザインが凝っているので、厚すぎず、織りの細かい服地が合う
- ☑ やや厚地で作る場合は、シンプルなデザインで着丈をショートにすると重くならない
- (注意) ベルトやエポーレットなどの飾りは、厚地だと縫いづらい
- (注意) 織りが細かい服地は、厚みがあるとかたくなり縫いづらい

おすすめの服地

Textile
ウール／メルトン　▶P188

メルトンの中では薄めのものがよいでしょう。厚地の場合は、重くならないように短めの丈で作るのがおすすめ。

➡作品サンプル P142

Season　春　夏　(秋)　(冬)

Textile
綿／ギャバジン　▶P187

トレンチコートで有名な「バーバリー（服地）」は、綿ギャバジンの一種。織りが細かくハリ感があり、かっちりとしたシルエットをしっかりキープできます。

➡作品サンプル P143

Season　(春)　夏　(秋)　冬

Textile
綿／タイプライター　▶P166

軽くはおれるスプリングコートになります。ただ、ウエスト部分はベルトによってシワができやすいので、ワッシャー加工が施されたものがおすすめです。

Season　(春)　夏　(秋)　冬
(縫いやすい)　(洗濯しやすい)

Textile
綿／ツイル　▶P179

適度にかたくハリがあり、ウエストをベルトで絞るとメリハリのあるシルエットに。ただ、ベルトによってシワができやすいので、ポリエステル混のものもおすすめです。

Season　(春)　夏　(秋)　冬
(縫いやすい)　(洗濯しやすい)

Textile
ウール／ギャバジン　▶P187

織りが細かく適度なハリ感があり、身体の動きにしなやかに沿います。耐久性があり、ウールならではの高級感のあるトレンチコートに仕上がります。

Season　(春)　夏　(秋)　(冬)

トレンチコート

Textile ウール／メルトン

薄い	────────▼	厚い
落ち感	──────▼──	ハリ感
反発感が弱い	──────▼──	反発感が強い

トレンチのパターンをやや厚みのあるメルトンで作るなら、短めの丈にすると程よいAラインになります。

Wool/Melton

 |使用パターン:MPL／◆J2401 ラップトレンチコート ※2点は、着丈と、ヨーク、ベルトの有無を変えて制作しています。

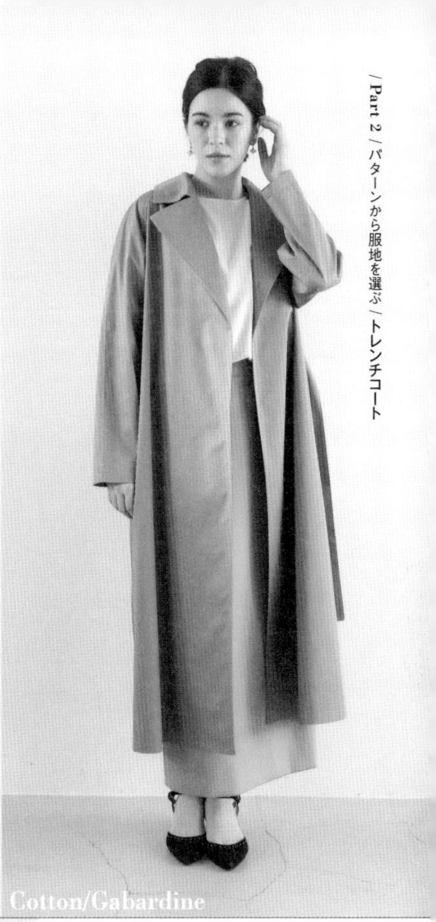

Cotton/Gabardine

Textile

綿／ギャバジン

薄い ├─▼─┤ 厚い
落ち感 ├──▼┤ ハリ感
反発感が弱い ├─▼─┤ 反発感が強い

きめが細かく光沢のある服地です。程よいハリ感で、丈の長いデザインでもきれいにシルエットを保てます。

ワイドカラーコート

幅の広い大きな衿のコートは、それだけで存在感があり、華やかな印象になります。顔の近くに大きなパーツがあることで小顔効果が期待でき、全体的に身体を華奢に見せてくれます。衿があるとかっちりとしたイメージですが、シルエットや選ぶ服地によってやわらかくエレガントな印象にも仕上がります。

/ Point! / 服地の選び方

- ☑ 厚さは、やや厚地～厚地がおすすめ
- ☑ ハリ感のある服地なら、衿や身頃のシルエットがしっかり保たれる
- ☑ 初心者は、やや厚地だと衿が縫いやすい
- ☑ 着丈が長い場合は、軽い素材だと着心地がよい
- (注意) 織りが粗い服地は衿がほつれやすい
- (注意) 毛並みや柄がある場合は、衿の方向や柄合わせに注意して裁断する

おすすめの服地

Textile
ウール/モッサ
▶P188

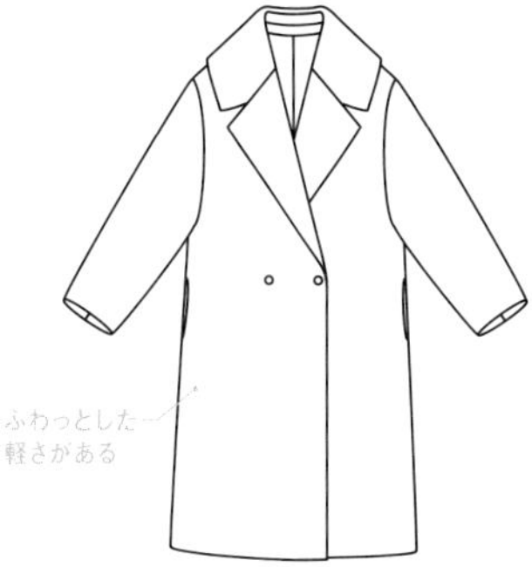

苔（モス）のように短い毛羽があるモッサ。コート地の中ではやわらかさがあり、厚みがあってもふわっと軽い服地です。程よく身体に沿い、衿の大きなデザインでも軽い着心地です。

➡作品サンプル P146

Season　春　夏　(秋)　(冬)

Textile
ウール/メルトン
▶P188

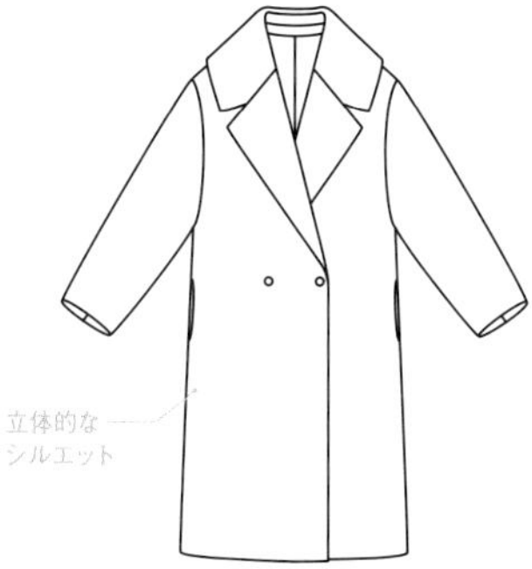

メルトンは、コート地の中でも織りが細かく、衿がきれいに仕上がります。厚さ、ハリ感もあるため、立体的なシルエットが保たれます。

➡作品サンプル P147

Season　春　夏　(秋)　(冬)

Textile
ウール/シャギー
▶P189

長めの毛羽が特徴。織りが粗めだとほつれやすいので、織りが細かいものを選びましょう。

Season　春　夏　(秋)　(冬)

Textile
ウール/ビーバー
▶P189

ウールをビーバー加工したもの。毛並みが一方向に向いていて、なめらかな手触りです。ツヤがあり、高級感あるコートが作れます。

Season　春　夏　(秋)　(冬)

ワイドカラーコート

Wool/Mosser

Textile ウール／モッサ

薄い ― 厚い
落ち感 ― ハリ感
反発感が弱い ― 反発感が強い

使用した服地は、厚すぎず、ハリ感も少ないタイプ。適度に身体になじみ、すっきりと着られるシルエットです。

 |使用パターン:MPL／◆J2111 ワイドカラーコート　※2点は、着丈を変えて制作しています。

Wool/Melton

Textile **ウール／メルトン**

薄い ――――▼ 厚い
落ち感 ――――▼ ハリ感
反発感が弱い ―――▼― 反発感が強い

厚み、重さ、ハリ感のある服地で、ストレートのシルエットがしっかり出ます。衿の形もシャープに出ます。

ノーカラーコート

衿のないデザインで、クルーネックやラウンドネック、Vネックのものもあります。袖も、セットインスリーブ、ドロップショルダー、ラグランスリーブと様々なものがあるので、自分に合うパターンを選びましょう。シンプルなデザインなので、合う服地は幅広く、いろいろな質感や色柄から選ぶことができます。衿がないので、初心者でも縫いやすいコートです。

/ Point! / 服地の選び方

- ☑ 厚さは、やや厚地〜厚地がおすすめ
- ☑ 衿がないので、厚さが合えば幅広い服地で作ることができる
- ☑ シンプルなデザインなので、凹凸のあるものや柄物も使いやすい

（注意）玉縁ポケットが付く場合、織りの粗い服地はほつれやすい

おすすめの服地

Textile
ウール／モッサ ▶P188

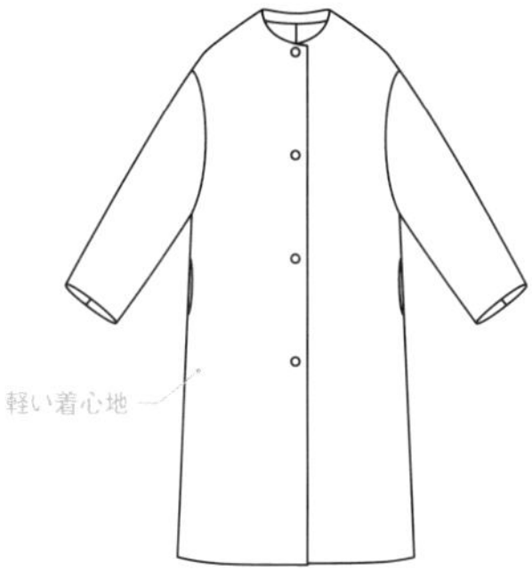

苔（モス）のように短い毛羽があるモッサ。コート地の中ではハリ感は弱くやわらかさがあり、厚みのわりに重くないのが魅力。ロング丈でも軽い着心地です。

➡作品サンプル P150

Season 春 夏 ㊙ ㊂

Season 春 夏 (秋) (冬)

Textile
ウール／シャギー ▶P189

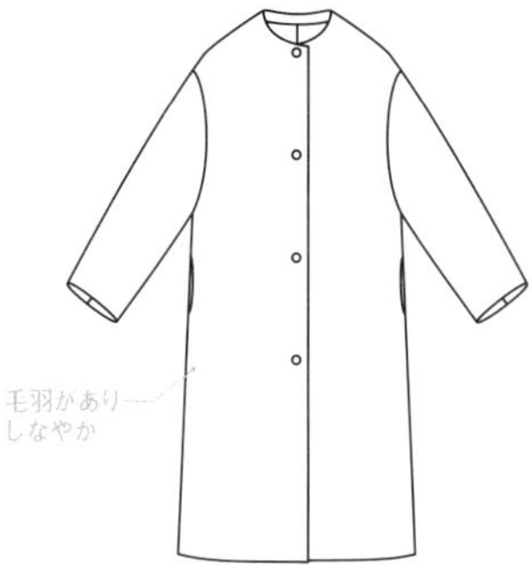

長めの毛羽が特徴のシャギー。織りが粗いものはほつれやすいので、衿付きよりもノーカラーに適しています。芯地は貼り付きのよいものを選びましょう。

➡作品サンプル P150

Season 春 夏 (秋) (冬)

Textile
ウール／ダブルフェイス

表と裏のカラーが異なり、どちらを表にしても使える服地。部分的に使い分けて、コントラストのあるデザインにすることもできます。

Season 春 夏 (秋) (冬)

Textile
ウール／ツイード ▶P184

太い糸でざっくりと織ったツイードは、表面に柄や凹凸があり温かみあるコートになります。密度が低くほつれやすいので、衿付きよりもノーカラーに適しています。

Season 春 夏 (秋) (冬)

Textile
ウール／メルトン ▶P188

メルトンは、コート地の中でも織りが細かく、厚さ、ハリ感もあるため、立体的なシルエットが保たれます。

Season 春 夏 (秋) (冬)

Textile
ウール／ビーバー ▶P189

ウールをビーバー加工したもの。毛並みが一方向に向いていて、なめらかな手触りです。ツヤがあり、高級感あるコートが作れます。

Season 春 夏 (秋) (冬)

ノーカラーコート

Textile

ウール、ナイロン／モッサ

薄い ▼ 厚い
落ち感 ▼ ハリ感
反発感が弱い ▼ 反発感が強い

厚みがありながら、重さはそれほどありません。ハリ感は控えめなので、やわらかいシルエットに。

Textile

ウール／シャギー

薄い ▼ 厚い
落ち感 ▼ ハリ感
反発感が弱い ▼ 反発感が強い

織りが粗めの服地にハリ感をもたせるため、しなやかな芯地を貼って大きめのシルエットをキープしています。

 |使用パターン:MPL／◆J2113 ノーカラーオーバーサイズコート　※2点は、着丈を変えて制作しています。

Wool, Nylone/Mosser

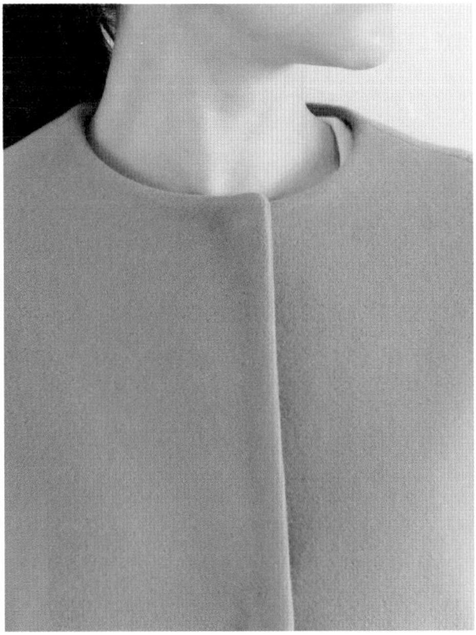

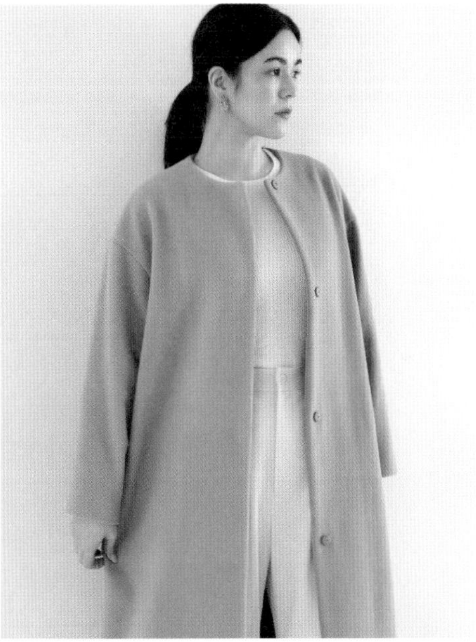

Wool/Shaggy

Column 02

服地Q&A

Q. ストレッチ性のある服地、縫製のコツは？

A. 接着芯や伸び止めテープも伸縮性があるタイプを使いましょう

ポリウレタン混でストレッチ性のある服地は、ミシンで縫うときに伸びやすいのが難点。肩や衿ぐり、ポケット口などカーブになった部分は特に伸びやすいので、伸び止めテープを使用するとよいでしょう。伸び止めテープや芯地は、かたく伸縮性のないものだと、貼った部分と貼っていない部分で服地の伸び方に差が出てつれてしまう場合も。伸縮性のあるものを選ぶと服地となじみます。

また、伸びる方向と伸びない方向を重ねてミシンで縫い合わせるとき、服地がずれやすくなります。細かくまち針でとめてから縫うとよいでしょう。

ストレッチ性のある服地の縫製のコツ

- ☑ 伸縮性のある芯地を使う
- ☑ 肩や衿ぐり、ポケット口など伸びやすい部分は伸び止めテープを使う
- ☑ まち針で細かくとめる

lcarn the Materials
of Textile

Part 3

服地を知る

服地ができるまで

繊維から糸を作り
織物や編物に

服地の原料の多くは、綿や毛などの天然繊維、また、ポリエステルやナイロンなどの化学繊維です。繊維を撚り合わせるなどして糸にし、糸をたて方向とよこ方向に交錯させて織ったものは織物、糸でループを作り編んだものは編物（ニット、カットソー）になります。繊維を絡ませるなどして布状にしたものは不織布と呼ばれます。

この章では、服地として特に広く使用される織物について、繊維の種類や性質、織りの構造、染色や加工について解説します。また、服地としてよく使われている織物の、特徴や適した用途、扱うコツなども紹介します。

織物製品ができるまで

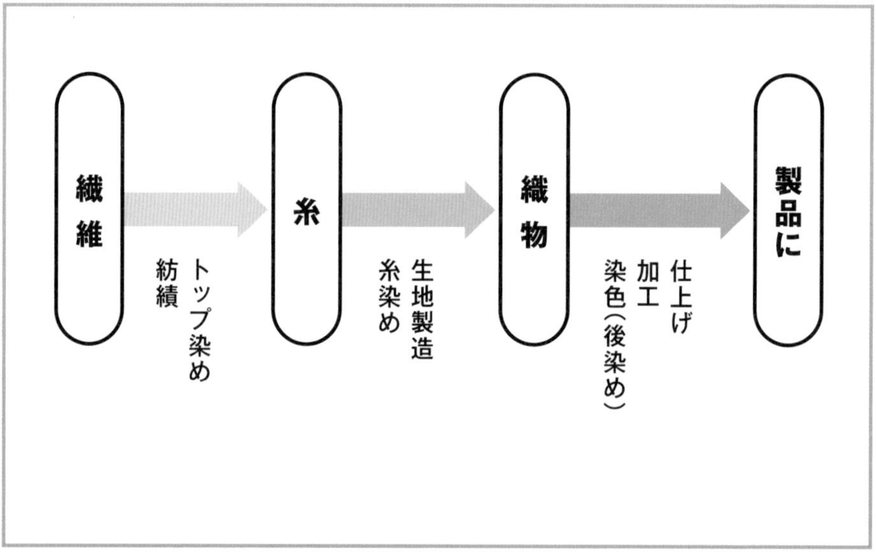

服地に使われる繊維

服地に使われる主な繊維の分類

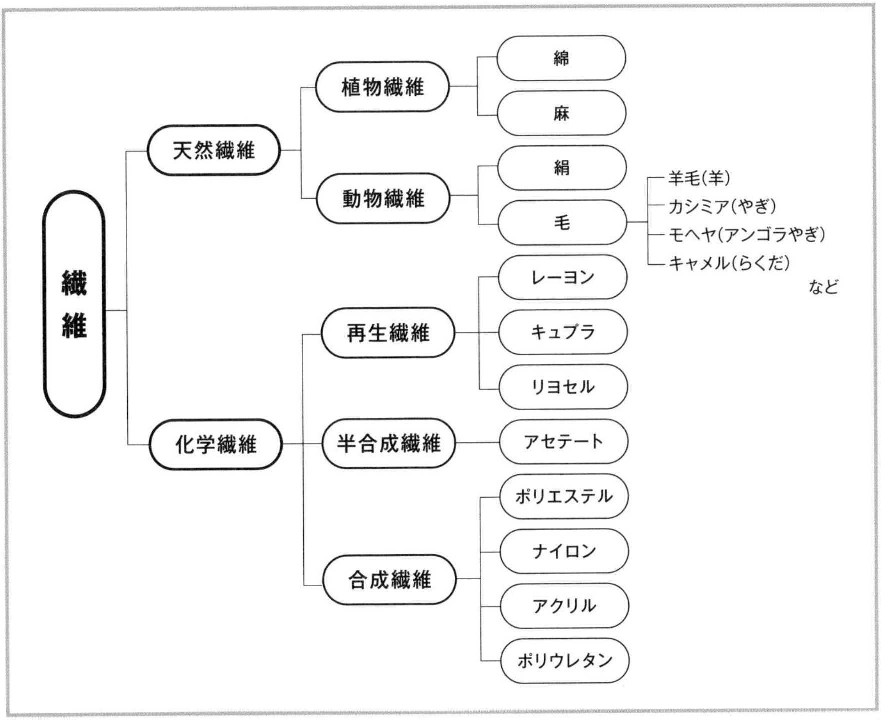

服地の原料になる天然繊維と化学繊維

織物に使用できる繊維は、大きく天然繊維と化学繊維に分けられます。天然繊維は、自然界にある植物や動物から生み出されるもの。化学繊維は、化学的に合成して作られるものです。

服地に使われる天然繊維として代表的なものは、植物由来の綿花から採取される綿（コットン）、亜麻や苧麻の茎から採取される麻（リネン／ラミー）、また動物由来のものには蚕の繭をほぐした絹（シルク）、動物の体毛を用いるもの（毛）があります。

化学繊維には、主にセルロース（植物の主成分）を溶かして再生した再生繊維、セルロースの一部を合成した半合成繊維、石油などを原料として化学的手法により低分子から高分子を合成して得られる合成繊維などがあります。

主な天然繊維と特徴

植物繊維

綿／コットン

Cotton

快適でお手入れしやすい
幅広く使われる繊維

アオイ科ワタ属の植物種子に付いている繊維で、木綿とも呼ばれます。綿で作られた服地は、丈夫で吸水性、耐熱性が高く、肌触りのよさが魅力。家庭で洗濯もしやすいため、肌着や普段着の代表的な素材として使われます。また、一般的に縫製もしやすく、ホームソーイングでも広く活用されています。服地としての難点は、シワになりやすいこと。ポリエステルなどシワになりにくい繊維と混紡した製品なども多くあります。

植物繊維

麻／リネン

Linen

さらりとした肌触りと
ナチュラルな風合いが魅力

麻は、亜麻の繊維から作られるものをリネン、苧麻の繊維から作られるものをラミーと呼びます。服地として使われるのは主にリネンです。吸水性が高く、吸った水分が乾くのも速いため、服地にするとさらりとした着心地。夏の衣類の代表的な素材です。また、丈夫で、適度なハリ感と光沢もあります。シワになりやすいのが難点ですが、その独特の風合いにはナチュラルな雰囲気があり、麻の大きな魅力にもなっています。

動物繊維

絹／シルク

Silk

蚕の繭から作られる
光沢が美しい高級素材

カイコ蛾の幼虫、カイコが作る繭から採取する繊維です。表面はなめらかで光沢があり、染色しやすいのが特徴。織物にすると美しくしたたり落ちる性質（ドレープ性）があります。ほかの繊維に比べると高価で、高級な和服やドレス、ブラウスなどに使用されます。また、摩擦に弱い、虫に弱いなどの欠点があります。

動物繊維

毛／ウール

Wool

呼吸する繊維で保温性が高い
冬の衣類の代表的な素材

動物の体毛から採取される繊維で、よく知られているのは、羊（メリノ種）から生産されるメリノウール。保温性、吸湿性、弾力性があり、呼吸する繊維とも呼ばれます。ふくらみのある温かな繊維で、主に冬の衣服の原料に用いられますが、サマーウールとしても快適な素材です。欠点は、虫に弱く、家庭での洗濯などで縮みやすいこと。そのため扱いには注意が必要です。羊毛のほか、やぎの毛（カシミア）、らくだの毛（キャメル）などもあります。

主な化学繊維と特徴

再生繊維

レーヨン

Rayon

綿・麻のような吸湿性と
絹のような光沢感をもつ

ビスコースレーヨンとも呼ばれます。原料は木材パルプで、高い吸湿性があるなど、植物繊維の綿や麻と似た性質をもっています。また、絹のような光沢感や染色性もあります。ただ、強度が低くシワになりやすいのが欠点です。水で縮みやすいので、洗濯には注意が必要です。

再生繊維

キュプラ

Cupra

肌触りがよい
裏地の定番素材

原料は、実《み》綿《わた》からリント（綿として使用する繊維）と種子を分けて残る短い繊維（リンター）。織物にすると、表面には絹のような光沢が生まれます。しなやかな風合いで、吸水性や染色性が高いのが特徴。また、肌触りがよいので衣服の高級な裏地としてよく使われます。

再生繊維

リヨセル／テンセル

Lyocell

ユーカリ由来のエコ繊維
やわらかな肌触り

原料はユーカリの木材パルプ。ブランド名は「テンセル」、総称は「リヨセル」です。やわらかさがあり、光沢感や発色のよさが特徴です。木材が原料であること、製造中の廃液が回収できることなどから、環境への負荷が少ない素材としても注目されています。

半合成繊維

アセテート

Acetate

さらりとした感触で
春夏の衣類に使われる

木材パルプ、リンター、酢酸が原料。酢酸の割合が高いものがトリアセテート、低いものがアセテートです。トリアセテートの方が強度が高いため、服地として用いられることが多く、弾力性や光沢感など合成繊維に近い性質をもっています。さらっとした風合いで、春夏服の素材に適しています。

合成繊維

ポリエステル

Polyester

洗濯しやすくシワになりにくい
お手入れのしやすさが魅力

化学繊維の中でも最も広く使われている繊維で、石油などを原料に作られます。軽くてシワになりにくく、型崩れしにくくて丈夫。また、速乾性もあり、扱いやすいのが魅力。吸湿性に乏しいのが欠点なので、綿や毛など天然繊維との混紡、交織で吸湿性を高めた服地が多いです。

合成繊維

ナイロン

Nylon

衣服以外に使われることも多い
しなやかで丈夫な繊維

石油などを原料に作られる化学繊維で、強度が高く、染色性に優れています。反発力があり、シワになりにくいのも魅力。ただし、熱に弱い、日光で黄変しやすいといった欠点があります。ブルゾンなどのほか、しなやかさと丈夫さをいかしてスポーツウエアや靴下、ストッキング、下着などにも使われます。

合成繊維

アクリル

Acrylic

軽くて温かみがある
羊毛に似た合成繊維

石油などを原料に作られる繊維で、ふんわりと軽く、羊毛のような性質をもっています。虫に強いので、羊毛の代用として使用されたり、羊毛と混紡されたりもします。静電気が起こりやすく、服地の表面に毛玉ができやすいのが難点です。

合成繊維

ポリウレタン

Polyurethane

ゴムのように伸縮し
服地にストレッチ性を加える

石油などが原料。ゴムのような弾力性をもち、伸縮性が高いのが特徴です。服地に5%程度混用するだけでも、高い伸縮性が出ます。そのためパンツなどに使用するとストレッチの効いた動きやすい一着になります。日光で劣化しやすいのが欠点です。

先染めと後染め

ムラなく深く染まる先染め
様々な柄が表せる後染め

服地には様々な色や柄があり、服地を選ぶときの大きな要素になります。色を染めることを染色といい、先染めと後染めに大きく分けられます。

先染めとは、繊維や糸の段階で染色することです。糸の芯まで染まるので、深みのある色になり、染めムラが目立ちません。先染めされた違う色の糸を交織することで、チェックやストライプなどの柄を生むこともできます。

後染めとは、織物や製品の状態で染色すること。織り糸が詰まったものや厚地の場合は、糸の芯まで染まりにくく染めムラができやすいです。一方で、織物へのプリント（捺染）は柄の自由度が高く、幅広い表現ができるのが魅力です。

各段階での染色

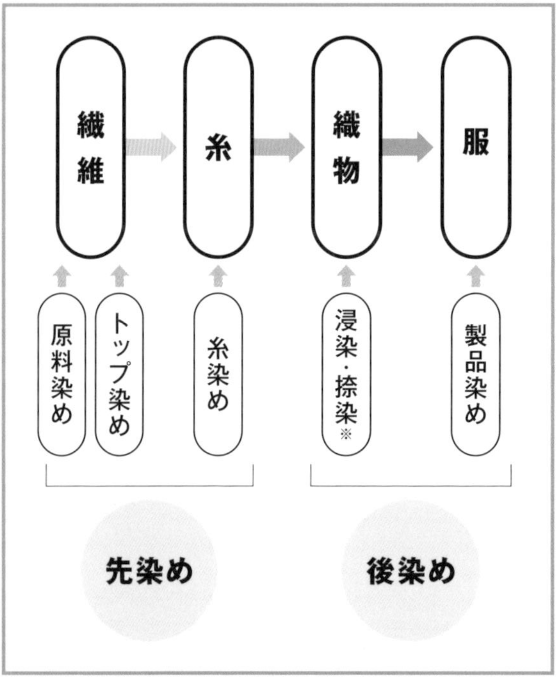

先染め糸で作られる織物
（写真提供：ASAKI TEXTILE NET）

※浸染とは、反物を染料に浸して染めること。
　捺染とは、型などを使い、染料を混ぜた糊料で模様をプリントすること。

織物の構造

織物の三原組織

平織り

たて糸とよこ糸が1本ごとに交差。織りがしっかりしていて丈夫。ローン、ブロードなどの服地がある。

綾織り（斜文織り）

たて糸あるいはよこ糸が2～3本以上服地の表面に浮く構造。表面に斜めの綾線が出る。ツイルは綾織物の総称。

朱子織り

たて糸あるいはよこ糸が4本以上服地の表面に浮く構造。光沢がありすべりがよい。たて糸が多く浮くものを「たて朱子」、よこ糸が多く浮くものを「よこ朱子」という。サテンは朱子織物の総称。

基本の三原組織と数々のバリエーション

織物の構造は、たて糸とよこ糸の交錯の仕方で、大きく平織り、綾織り（斜文織り）、朱子織りの3つに分類され、「三原組織」と呼ばれています。それぞれ特徴があり、強度や保温性などの性質、外観が変わります。例えば、綾織りは平織りより保湿性があるので、秋冬物に使用されることが多いです。また、同じ織り方でも、使用する繊維の種類、糸の太さや本数などで厚さや風合いは変わります。

さらに、三原組織を基本にして、織りに変化を加えたものを変化組織と呼びます。織物の表面にパイルを織り込んだ添毛組織（別珍、タオル等）などもあります。こうして、様々な織物が生まれます。

仕上げ加工

様々な技術で デザイン性や機能性がアップ

服地は、織り上げた後や縫製後に、機能やデザイン性を高めるために、様々な加工が施されることがあります。

例えば、服地に凹凸やひだで立体感を出すリップル（P167）やプリーツ加工、生地を洗うことでナチュラルな風合いを出すワッシャー加工、透かし模様を作るオパール加工や毛羽を付着させるフロッキー加工などがあります。また、撥水加工やウォッシュアンドウエア加工（W＆W加工）など、用途に合わせ必要な機能を高める加工もあります。

加工例

ワッシャー加工

生地を洗ってシワを付ける。アイロンがけが不要に。写真はキャッチングワッシャー加工

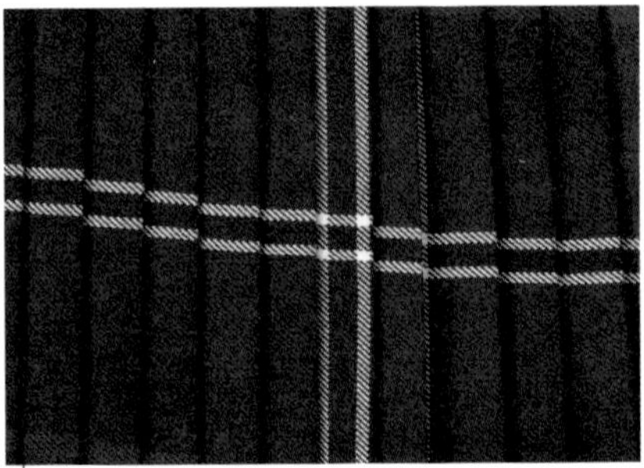

プリーツ加工

服地にひだを付ける加工のことで、薬品や熱によってひだを固定

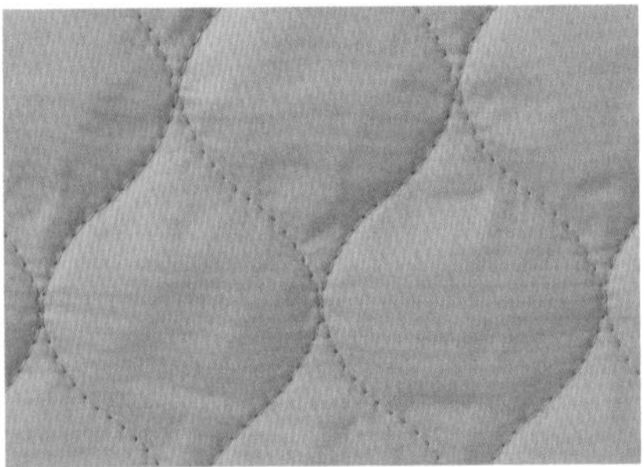

キルティング加工

2枚の服地の間に中綿などをはさんで、ミシンで刺し縫いしたもの

フロッキー加工

織物などの表面に毛羽を付着させて柄を生み出す加工

Recommended Textile

おすすめの服地

服地によく使用される31種類の織物について、
主に使用される素材や特徴を紹介しています。
向いているアイテムや縫製のコツ、
お手入れのポイントも参考に、
理想のシルエットが叶う服地を探してみましょう。

Recommended Textile

Textile

ローン

Lawn

用途 シャツ&ブラウス｜スカート｜パンツ｜ワンピース｜ジャケット&コート

主に、細い綿糸で密に織られた薄手の平織物。たて糸、よこ糸に使われる糸の太さで厚みや風合いが変わり、60番手のものは厚めに、80番手のものは薄めになります。

触感がややかためで適度なハリ感があり、手触りはさらりとなめらかです。春夏のブラウス、シャツによく使用されます。表面にはやや光沢があり、仕立てるとドレープがきれいに見えて上品な印象に仕上がります。色・柄が豊富に揃うのもローンの魅力。シルクライクなタッチで知られるリバティ・ファブリックスのタナローンが有名です。

主な素材

綿、ポリエステル、レーヨン、リネン、ナイロン

縫製のコツ

針は9～11号、糸は60～90番がおすすめ。ソーイング初心者でも縫いやすい。柄物は柄の上下に注意し、一方向に裁断する。

お手入れのポイント

基本的に水洗いOK。ただし薄手のため、手洗いか洗濯ネットを使用する。レーヨンは縮みやすいので、水洗いの場合は短時間で洗い上げる。

Textile

ブロード

Broadcloth

用途　シャツ&ブラウス　スカート　パンツ　ワンピース　ジャケット&コート

主に、綿あるいは綿とポリエステルの混紡で作られる平織物で、シャツやブラウスによく使用されます。たて糸の本数がよこ糸よりも多いため、表面によこ畝が見られますが、目立ちません。同じ構造の生地にポプリンがありますが、ブロードはポプリンよりも織り目が詰まっています。シルケット加工が施されたものは、表面がなめらかで上品です。

先染めの糸を使ったチェックやストライプ柄、プリントなど色柄も多種多様で、シャツやブラウスだけでなく、スカートやワンピースなど幅広く活用できます。

主な素材

綿、ポリエステル、レーヨン、リネン、ナイロン

縫製のコツ

針は9～11号、糸は60～90番がおすすめ。ソーイング初心者でも縫いやすい。

お手入れのポイント

洗濯機で水洗いOK。レーヨンは縮みやすいので、水洗いの場合は短時間で洗い上げる。
ワッシャー加工が施されたものはお手入れが簡単。
綿とポリエステルの混紡はシワになりにくい。

Textile

タイプライター

Typewriter

用途 シャツ&ブラウス｜スカート｜パンツ｜ワンピース｜ジャケット&コート

中番手の糸（40～80番手）で高密度に織られた平織物。ローンやブロードよりも、やや厚くかたさがあります。ハリ感や光沢感が強くパリッとした感触で、シャツ、ブラウスやワンピースのほか、ブルゾンやスプリングコートなどアウターに使われることも。織り目が詰まっていて丈夫なため、春夏だけでなく秋冬の衣服にも使用できます。

身体のラインを拾いにくく、服のシルエットが保たれます。綿100%の場合はシワになりやすく、ポリエステルなどとの混紡やワッシャー加工のものはシワが気になりません。

主な素材

綿、ポリエステル、ナイロン、レーヨン、リネン

縫製のコツ

針は9～11号、糸は60～90番がおすすめ。ソーイング初心者でも縫製しやすい。厚すぎずかたすぎないものの方が縫いやすい。

お手入れのポイント

綿、ポリエステル、ナイロンは基本的に洗濯機で水洗いOK。レーヨンは縮みやすいので、水洗いの場合は短時間で洗い上げる。

Textile

リップル

Ripple

用途 シャツ&ブラウス　スカート　パンツ　ワンピース　ジャケット&コート

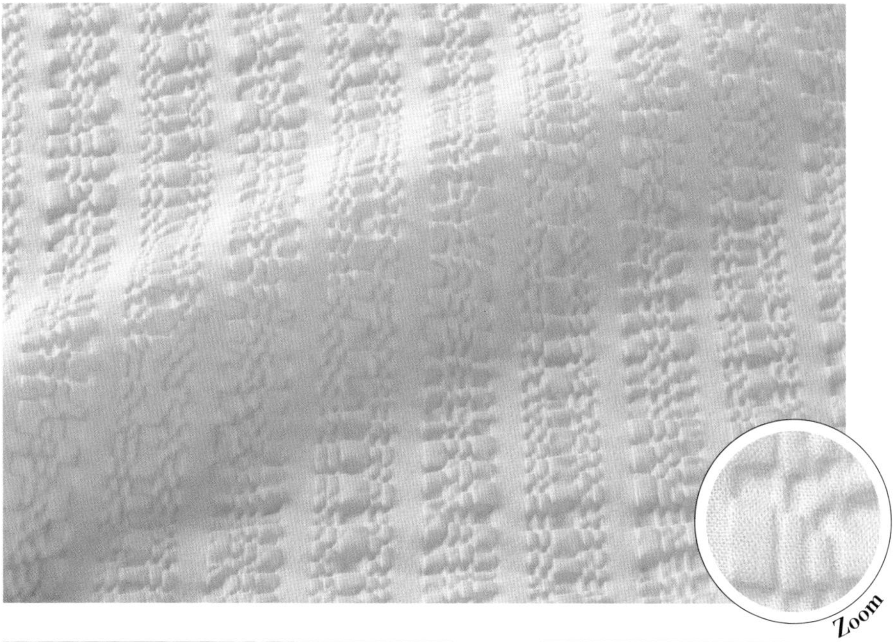

　苛性ソーダなどの水溶液を用い、生地全体や部分的に加工を施して、波状のシワや凹凸を出したもの。似た服地にサッカーがあります。サッカーは、収縮度が違う糸を使って織り、仕上げに縮ませて縞状にシワを作ったもの。一方、リップルは、織物に後からの加工で凹凸を作るので、いろいろな模様を表すことができます。

　凹凸があることによって肌に接地する面が少なくなり、清涼感ある着心地。夏のブラウスやワンピース、ホームウエアによく使用されます。

主な素材

綿、レーヨン、リネン

縫製のコツ

針は9～11号、糸は60～90番がおすすめ。

お手入れのポイント

綿は基本的に洗濯機での水洗いOK。
レーヨンは縮みやすいので、水洗いの場合は短時間で洗い上げる。

Textile

オーガンジー

Organdy

用途 シャツ&ブラウス | スカート | パンツ | ワンピース | ジャケット&コート

強撚糸（強く撚りをかけた糸）を使った薄地の平織物。織り目が粗く、とても軽くて透け感が強いのが特徴です。ハリ感が強く、シャリッとした肌触り。表面には光沢があります。

高級感があり、服のシルエットも作りやすいことから、ウエディングドレスや舞台衣装などに使用されます。

薄く繊細なため、縫いづらさ、扱いにくさはありますが、透け感を生かしたデザインや他の布との重ね縫いなど、ソーイングの幅が広がる服地でもあります。

主な素材

綿、シルク、レーヨン、ポリエステル

縫製のコツ

針は9号、糸は90番がおすすめ。
薄く織りが粗いため縫いづらいものもある。ただし綿の場合は比較的縫いやすい。

お手入れのポイント

綿は水洗いOK。薄く繊細なので手洗いか洗濯ネットを使用し、乾燥機は避ける。

Textile

シフォン

Chiffon

用途　シャツ&ブラウス　スカート　パンツ　ワンピース　ジャケット&コート

薄地の平織物。織り目は粗く透け感があり、春夏の服に使用されます。軽くて、風合いはふんわりやわらか。ギャザーなどに使用すると、きれいなドレープができます。

薄く繊細なため、縫いづらさ、扱いにくさはありますが、透け感をいかしたデザインやほかの布との重ね縫いなど、ソーイングの幅が広がる服地でもあります。

主な素材

絹、ポリエステル、レーヨン、ナイロン

縫製のコツ

針は9号、糸は90番がおすすめ。
薄く織りが粗いため、縫いづらい。

お手入れのポイント

絹は基本的に水洗いNG。
ポリエステル、ナイロンは手洗いか洗濯ネットを使用する。

Textile

ボイル

Voile

用途　シャツ&ブラウス　スカート　パンツ　ワンピース　ジャケット&コート

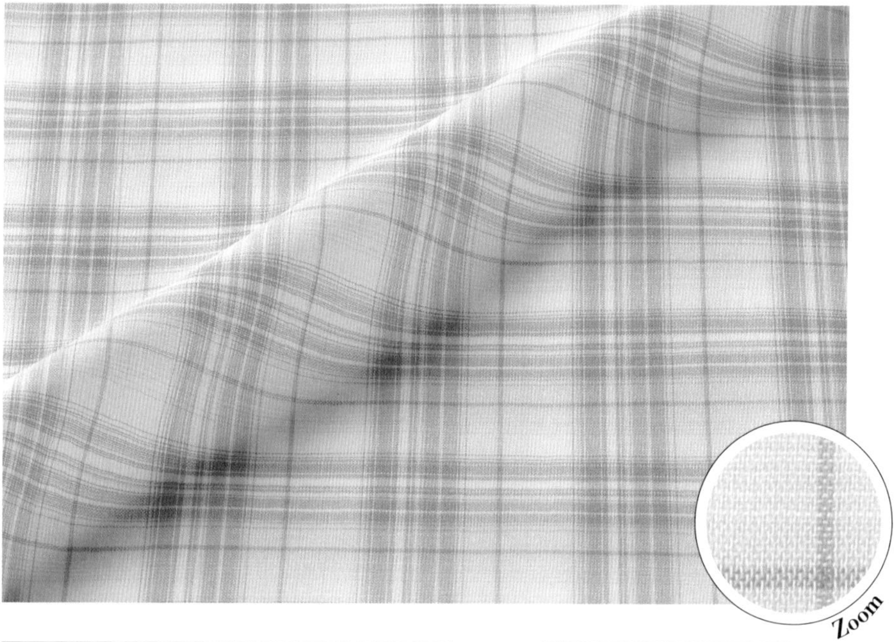

強く撚った糸で平織りした薄地の服地です。織り目が粗く通気性が高いため、清涼感があります。肌触りがさらっとしているので、夏のシャツやブラウス、子ども服などに用いられます。かためでハリ感があり、光沢はなくマットな質感です。

本ボイルと単糸ボイルがあり、本ボイルは80～100番手くらいの細い双糸（糸2本を撚り合わせて1本にしたもの）を使い、単糸ボイルは40～50番手の単糸（1本の糸）を使って織られたもの。

綿をはじめ多様な素材のものがあり、厚みや風合いも様々です。

主な素材

綿、リネン、シルク、ウール、ポリエステル、レーヨン

縫製のコツ

針は9～11号、糸は60～90番がおすすめ。

お手入れのポイント

綿、麻、ポリエステルは洗濯機で水洗いOK。洗濯ネットを使用する。

Textile

ビエラ

Viyella

用途 シャツ&ブラウス　スカート　パンツ　ワンピース　ジャケット&コート

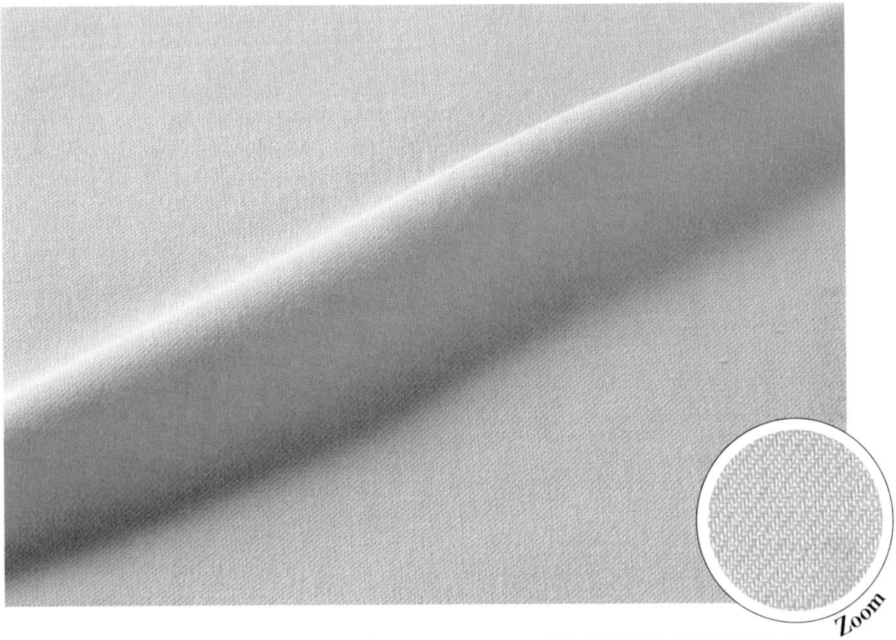

表面を軽く起毛した薄地の綾織物。本来は綿と毛の比率が半々の混紡の糸を使ったもののことですが、現在は綿や毛で作られた薄手のフランネル（P185）もビエラと呼んでいます。目立つほどの起毛ではなく、肌触りが心地よい程度です。

温かみがあり、ふんわりとした風合い。ギャザーなどでやわらかなドレープができ、春・秋のブラウスやスカート、ワンピースに向いています。

家庭で洗濯でき、シワにもなりにくく、扱いやすさも魅力です。ただし綿100%のコットンビエラは、シワになります。

主な素材

綿、ウール

縫製のコツ

針は9〜11号、糸は60〜90番がおすすめ。

お手入れのポイント

綿は洗濯機で水洗いOK。
シワになりにくい。

Textile

ジョーゼット

Georgette

用途 シャツ&ブラウス　スカート　パンツ　ワンピース　ジャケット&コート

たて糸およびよこ糸に強く撚りをかけた糸（強撚糸）を使った織り目の粗い平織物。撚り方向の違う糸を交互に用い、表面にシボを出したちりめんの一種です。

透けて見えるほどの薄地で、軽く、光沢はなく、マットな質感とシャリ感があります。ドレープ性が高く、弾力性があってシワになりにくいのも特徴。さらっとした肌触りです。

もともとはシルクで作られていましたが、現在ではポリエステルのものが多く作られています。春夏用のスカート、ワンピースなどに適しています。

主な素材

シルク、ウール、ポリエステル

縫製のコツ

針は9～11号、糸は60～90番がおすすめ。

お手入れのポイント

シルク、ウールは水洗いを避ける。
ポリエステルは手洗いか洗濯ネットを使用。

Textile

デシン

De Chine

用途　シャツ&ブラウス　スカート　パンツ　ワンピース　ジャケット&コート

正式な名前はクレープ・デ・シンで、フランス語で「中国ちりめん」の意味。中国のちりめんをまねて作られたものといわれていて、クレープやちりめんの一種です。

たて糸に無撚糸、よこ糸に強撚糸を使った平織物で、細かいシボが見られます。軽くてふんわりしていて、上品な光沢とドレープ性があります。細かいシボがあるため、シワも気にならないのが特徴です。
ブラウスやワンピースに使用されるほか、スカーフにも用いられます。

主な素材

シルク、ポリエステル

縫製のコツ

針は9～11号、糸は60～90番がおすすめ。

お手入れのポイント

シルクは水洗いを避ける。
ポリエステルは手洗いか洗濯ネットを使用する。

Textile

サテン

Satin

用途 シャツ&ブラウス　スカート　パンツ　ワンピース　ジャケット&コート

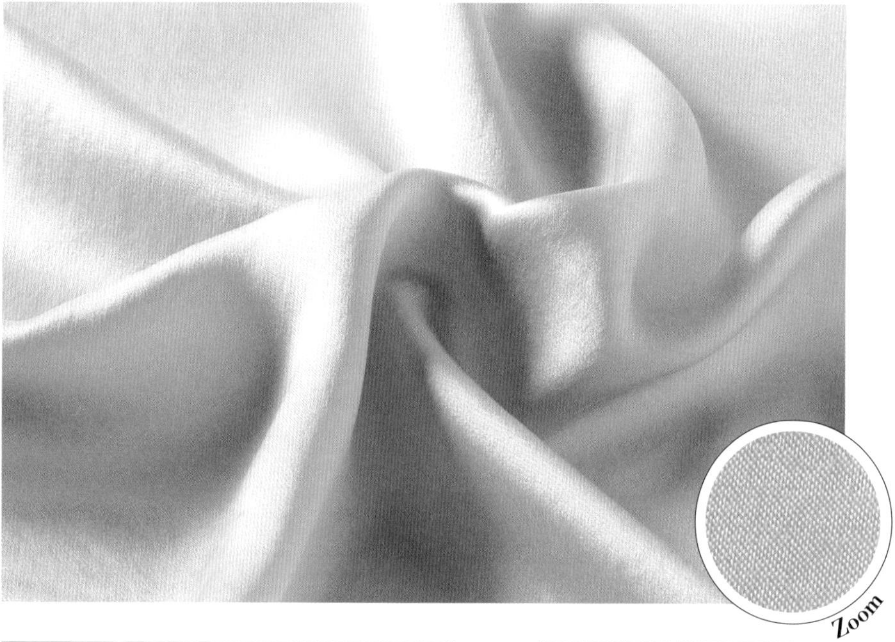

織物の三原組織のひとつ、朱子織り（P161）の織物の総称。糸が表に長く浮く織り方で、なめらかな手触りとツヤのある光沢感が特徴です。シルクで作られたものは、ウエディングドレスなどフォーマルに使用されます。摩擦に弱く、引っかかったり毛羽だったりしやすいのが難点です。

また、光沢のある面を裏側にして使用するバック・サテン（裏朱子織り）と呼ばれるものもあります。肌触りとすべりがよく、パンツなどに用いられます。

主な素材

綿、シルク、ポリエステル

縫製のコツ

針は11～14号、糸は60～90番がおすすめ。
表面がすべり、引きつりやすく、縫製のハードルは高め。

お手入れのポイント

シルクは水洗いNG。
綿、ポリエステルは、手洗いか洗濯ネットを使用する。

Textile

タフタ

Taffeta

用途　シャツ&ブラウス　スカート　パンツ　ワンピース　ジャケット&コート

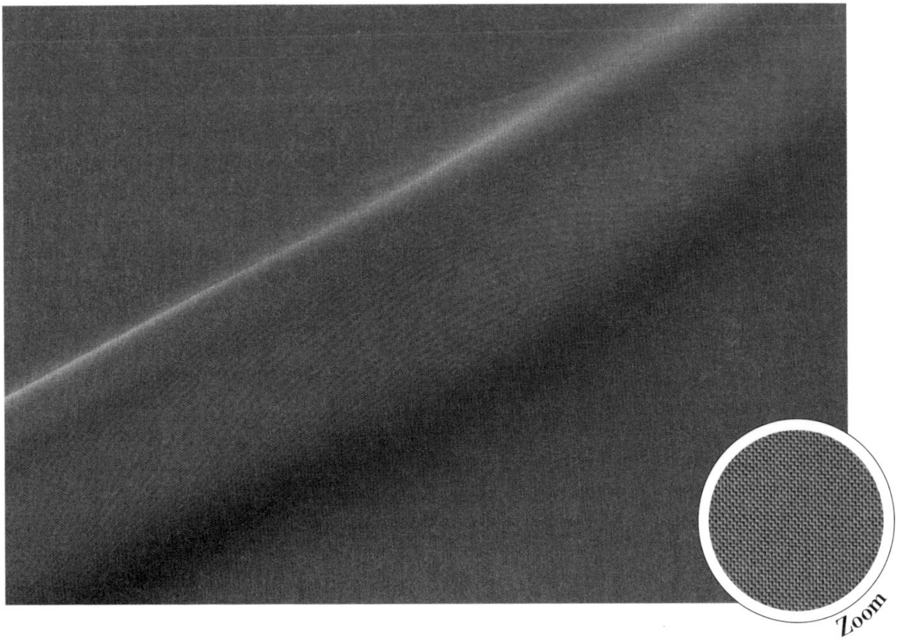

たて糸を密に、よこ糸を太めにして織った平織物で、表面に細いよこ畝が見られ、光沢感となめらかさ、ハリ感が特徴です。ギャザーを作るとしっかりと立体感のある美しいドレープが生まれます。通気性が低く、シワになりやすいという欠点をもっています。

用途は、春・秋のブラウスやワンピースなど。また、高級感のある服地なので、フォーマルウエアにも向いています。

たて糸とよこ糸の色を変えることで玉虫色にしたもの、チェックやストライプの柄を出したものもあります。

主な素材

シルク、ポリエステル、ナイロン

縫製のコツ

針は11～14号、糸は60～90番がおすすめ。
縫製は、糸が引きつりやすく、注意が必要。

お手入れのポイント

シルクは水洗いNG。
ポリエステル、ナイロンは、手洗いか洗濯ネットを使用する。

Textile

グログラン

Grosgrain

用途 シャツ&ブラウス | スカート | パンツ | ワンピース | **ジャケット&コート**

太いよこ畝が特徴で締りのある重厚な織物。たて糸は細くて密度が高く、太いよこ糸で織ることで、よこ方向に粗い畝が生まれます。かたくてハリ感があり、光沢感があります。

もともとは絹織物でしたが、現在は主に綿で作られています。主な用途は、リボンなどの装飾品やネクタイ。かたくて厚いため衣服にはあまり使われませんが、コートなどのアウターやスーツといった、厚手で重厚感があるアイテムに使用されます。

主な素材

綿、シルク、ウール、ポリエステル、ナイロン

縫製のコツ

針11〜14号、糸30〜60番がおすすめ。かたさがあるので、やや縫いづらい。

お手入れのポイント

綿は基本的に水洗いOK。ただし、型崩れが心配なもの、裏地のあるものは避ける。

Textile

ジャカード

Jacquard

用途 シャツ&ブラウス　スカート　パンツ　ワンピース　ジャケット&コート

織りで模様を作る紋織物で、専用のジャカード織機で織ります。プリントされた模様に比べて厚みがあり、立体的に見えます。複雑な柄が浮き出て見えるのが特徴です。ジャカード織り、ジャカードクロスともいいます。小さな模様から大きな柄まで、形も色も比較的自由に表せるのが魅力。存在感があり、衣服のほか、カーテンなどインテリアクロスとしても活用されます。

ジャカードの織物の、模様のない部分の糸を切り取ったものは、カットジャカードと呼ばれます。立体感が出て模様がより際立ちます。

主な素材

綿、シルク、ウール、ポリエステル

縫製のコツ

針は11～14号、糸は30～60番がおすすめ。

お手入れのポイント

綿、ポリエステルは基本的に水洗いOK。ただし引っかかりやすいため、ネットの使用や手洗いがおすすめ。

Textile

チノ・クロス

Chino Cloth

用途 シャツ&ブラウス | **スカート** | **パンツ** | ワンピース | ジャケット&コート

カジュアルなパンツ“チノパン”に使われていることでなじみ深い、やや厚みのある綾織物。単にチノとも呼ばれます。織り目が詰まっていて、丈夫で耐久性があるため、ワークウエアに向いています。もともと軍服に使われており、色はベージュやカーキが定番です。

単糸（1本の糸）で織られたものと双糸（糸2本を撚り合わせて1本にしたもの）で織られたものがあります。単糸を使ったものは薄手でしなやかで、双糸のものは厚手でかたい仕上がりになります。主に綿100%ですが、ポリエステルとの混紡もあります。

主な素材

綿、ポリエステル

縫製のコツ

針は11～16号、糸は30～60番がおすすめ。
やや薄地～中程度の厚みなら縫いやすい。

お手入れのポイント

洗濯機で水洗いOK。
ただし、シワになりやすい。

Textile

ツイル

Twill

用途　シャツ&ブラウス　スカート　パンツ　ワンピース　ジャケット&コート

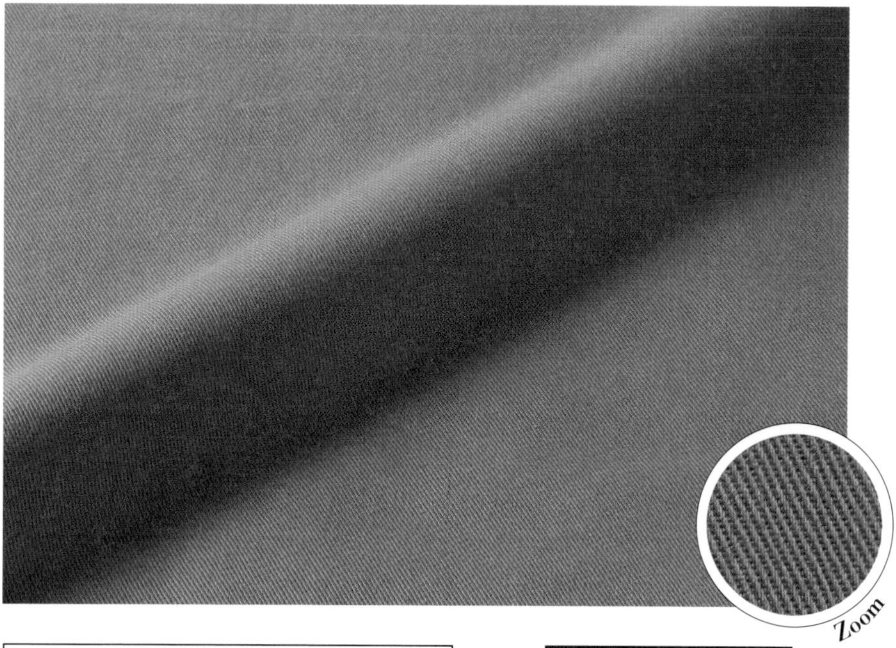

織りの三原組織の一つで、綾織りのこと。また綾織物の総称。綾織りにはギャバジン、サージ、デニムなどがありますが、服地としてはツイルとして売られているものも多いです。

表面には斜めの畝があり、単糸ツイルは左上がりが一般的で、双糸ツイルは右上がりが一般的。ただし、デニムは単糸ですが右上がりです。平織りよりもやわらかく、シワになりにくいという特徴があります。また、平織りより保温性があるため、秋冬用のパンツやスカート、ジャケット、コートなどのアウターに多く使用されます。

主な素材

綿、リネン、ウール、ポリエステル

縫製のコツ

針は11～16号、糸は30～60番がおすすめ。

お手入れのポイント

基本的にウールは水洗い不可。
綿やポリエステルなどは洗濯機で水洗いOK。リネンは縮みやすいので、仕立てる前に水通しをするのがおすすめ。

Textile

デニム

Denim

用途 シャツ&ブラウス | スカート | パンツ | ワンピース | ジャケット&コート

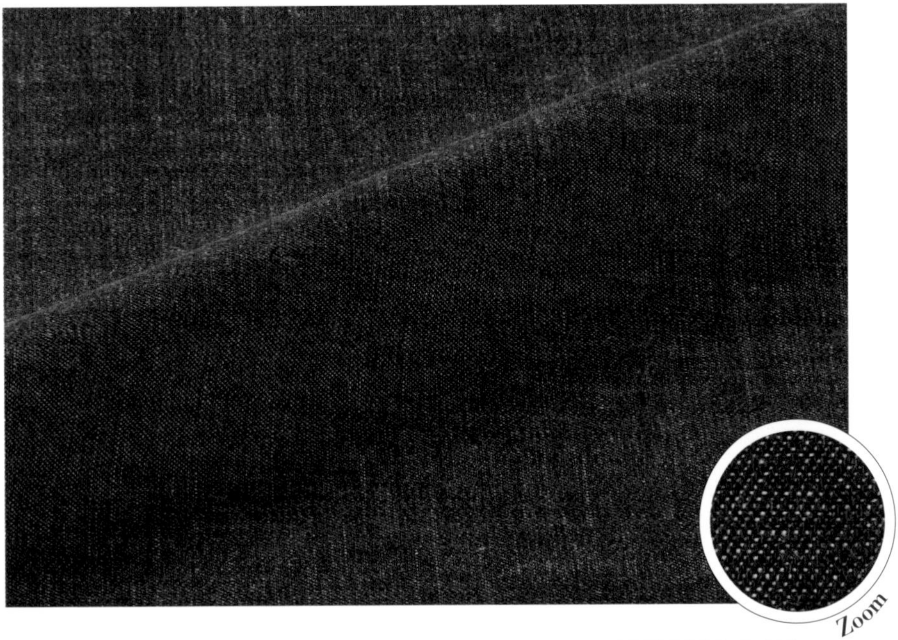

ジーンズで使用される厚地でしっかりとした綾織物。使用するのは、基本的に綿の10～20番手の太い糸です。たて糸に、芯を白く染め残したインディゴ・ブルーの染色糸、よこ糸に白い糸を使用。洗濯や摩擦を重ねると、たて糸の芯の白が表に出てきて、独特な色落ちがあり、味わい深くなります。生地の段階でダメージ加工を施して、使用感を出したものもあります。

デニムはカジュアルで世界中で使われる服地ですが、厚くてかたく縫製しにくいため、薄めでやわらかく仕上げたソフトデニムがホームソーイングでは扱いやすいです。

主な素材

綿、リネン

縫製のコツ

針は11～16号、糸は30～60番がおすすめ。
厚みのあるものは縫いづらいので、薄めのものがおすすめ。

お手入れのポイント

洗濯機で水洗いOK。
縮みやすいので、仕立てる前に水通しをするのがおすすめ。

Textile

コーデュロイ

Corduroy

用途 シャツ&ブラウス　スカート　パンツ　ワンピース　ジャケット&コート

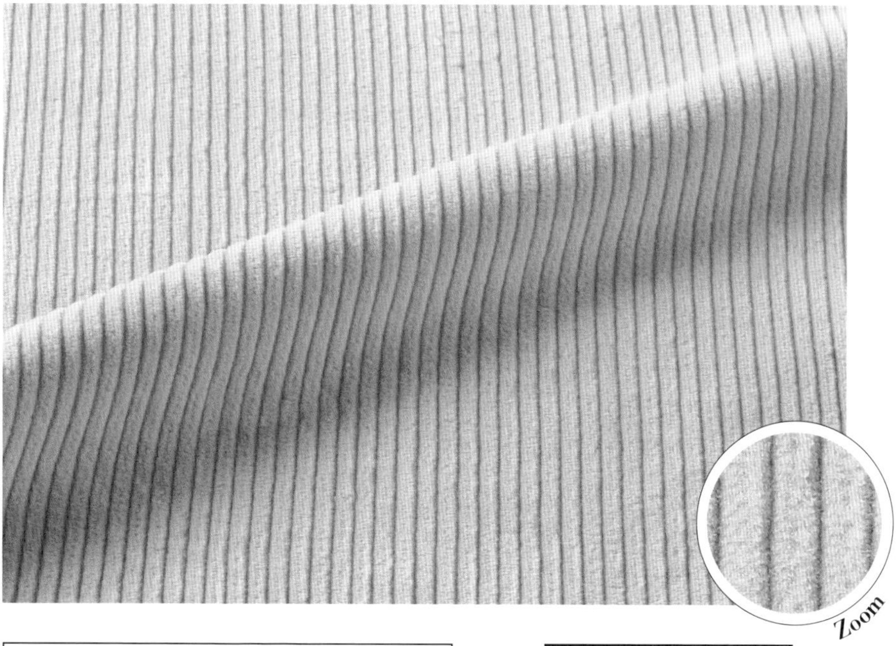

よこ糸をパイル糸として織り込み、パイルをカットして、たて方向に毛羽の畝を出した特徴ある服地です。コール天とも呼ばれています。素材は主に綿です。

畝の幅の太さによって様々な呼び名があり、目安として1インチ（2.54㎝）の間に畝が3本あるものを鬼コール、6本前後のものを太コール、9本を中太コール、15本を細コール、20本を極細コールと呼びます。

厚地で丈夫、また保温性がありますが、畝がつぶれたり毛が抜けたりするのが欠点です。主に秋冬のカジュアルなパンツやスカート、ワンピースなどに使用されます。

主な素材

綿

縫製のコツ

針は11～16号、糸30～60番がおすすめ。
畝が太く厚みがあるものは縫いづらい。

お手入れのポイント

基本的に洗濯機で水洗いOK。

Textile

別珍

Velveteen

用途　シャツ&ブラウス　スカート　パンツ　ワンピース　ジャケット&コート

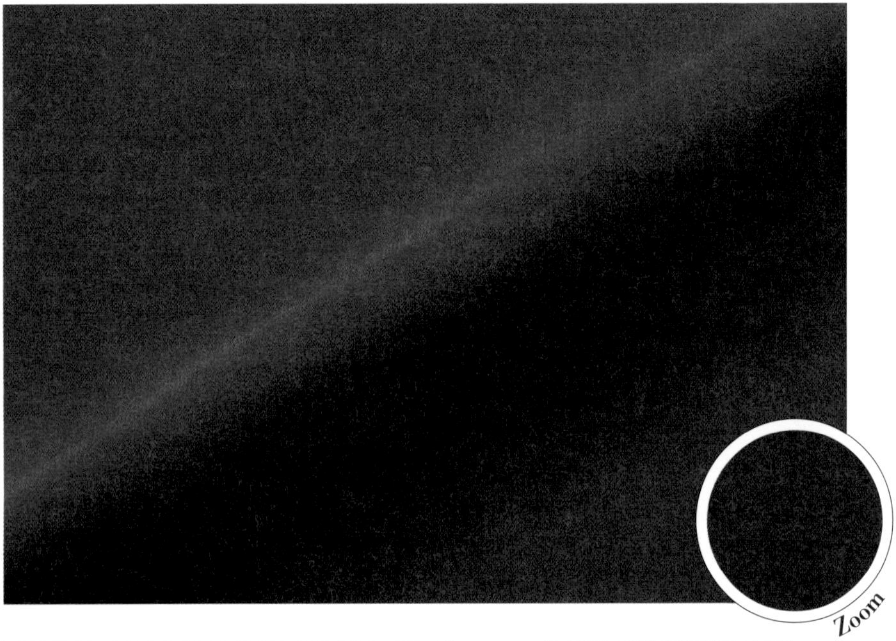

パイル組織（添毛組織）の服地で、よこ糸をパイル糸として織り込み、生地全体に均等にパイルを挿入してカットし、表面に毛羽を作ったものです。厚地でふわふわした柔らかな風合いで光沢があるのが特徴で、上品でエレガントな印象があります。秋冬の衣服に使用されます。

同じように表面が毛羽立った服地にベルベット（ビロードともいう）があります。ベルベットはたて糸をパイル糸として作った添毛組織で、基本素材が絹やレーヨン。別珍は綿やポリエステルで、ベルベット(絹)に似た風合いですが安価です。

主な素材

綿、ポリエステル

縫製のコツ

針は11～16号、糸は30～60番がおすすめ。
毛羽があるため、カットしたときに毛羽が落ちやすい。
厚みがあるものは縫いづらい。

お手入れのポイント

手洗いがおすすめ。

Textile

リネン

Linen

用途　シャツ&ブラウス　スカート　パンツ　ワンピース　ジャケット&コート

亜麻の繊維から作られる織物。さらりとした肌触りとナチュラルな風合いで、ホームソーイングでも人気の高い服地です。

吸湿性、吸水性、速乾性に優れていて、蒸れ感が少なく接触冷感もあり、トップス、ボトムス、アウターと夏の衣服全般に使用されます。また、寝具にもよく使用されます。

コシやハリ感が強く、かたさがあります。強く擦ると毛羽立ち、シワになりやすいという欠点も見られます。

苧麻(ラミー)も麻植物繊維ですが、亜麻に比べると安価です。

主な素材

麻

縫製のコツ

針は9～14号、糸は60～90番がおすすめ。

お手入れのポイント

強く洗濯すると繊維が傷むため、手洗いでやさしく洗う。
縮みやすいので、仕立てる前に水通しをするのがおすすめ。

Textile

ツイード

Tweed

用途　シャツ&ブラウス　スカート　パンツ　ワンピース　ジャケット&コート

主に太いウールの糸（紡毛糸）を用いた厚地の綾織物。ざっくりとした風合いで保温性が高く、冬の定番素材です。丈夫で破れにくいのも特徴です。染色した糸を組み合わせて織ることで様々な柄が作られ、例えばヘリンボーン、千鳥格子などがあります。

ループやネップ（繊維のかたまり）などがあるカラフルな意匠糸を使って織ったものはファンシーツイードと呼ばれ、主に女性のジャケットやスカートに用いられます。

ファンシーツイード

主な素材

ウール、ポリエステル

縫製のコツ

針は11～14号、糸は30～60番がおすすめ。毛並みの上下に注意し、一方向に裁断する。

お手入れのポイント

ウールは基本的に水洗いNG。

Textile

フランネル

Flannel

用途　シャツ&ブラウス　スカート　パンツ　ワンピース　ジャケット&コート

フラノとも呼ばれます。織物を縮絨して表面を起毛させたものです。起毛しているので、厚みがありながらも軽くてやわらか。保温性が高く、冬の衣服に用いられます。

主な素材

綿、ウール、ナイロン

縫製のコツ

針は11～14号、糸は30～60番がおすすめ。毛並みの上下に注意し、一方向に裁断する。

お手入れのポイント

綿は基本的に洗濯機で水洗いOK。
ウールは基本的に水洗いNG。日常的には、洋服ブラシでブラッシングして、汚れを取り除き表面を整える。

Textile

ベネシャン

Venetian

用途　シャツ&ブラウス　スカート　パンツ　ワンピース　ジャケット&コート

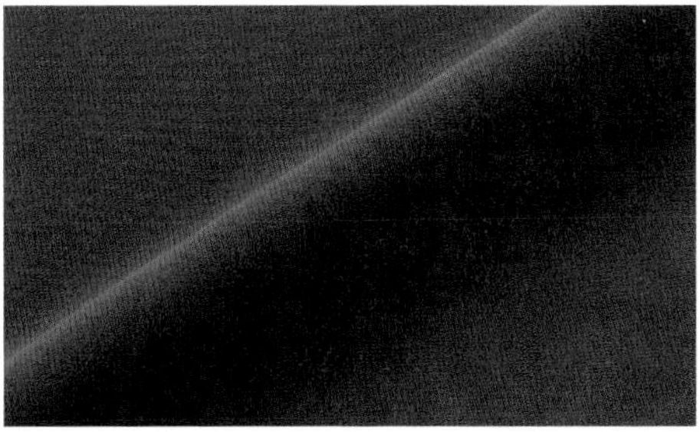

中～厚地の朱子織物、または綾織物の変化組織。織り目が詰まっており、光沢感となめらかな風合いが特徴。フォーマルウエアのほか、カーテンなどにも用いられます。

主な素材

ウール、綿、ポリエステル

縫製のコツ

針は11～14号、糸は60番がおすすめ。

お手入れのポイント

ウールは基本的に水洗いNG。

Textile

トロピカル

Tropical

用途　シャツ&ブラウス　スカート　パンツ　ワンピース　ジャケット&コート

細くて長い毛（梳毛糸）で作る薄地の平織物。サマーウールと呼ばれ、さらっとした感触があり吸湿性が高く蒸れません。夏物のスーツやパンツなどに使われます。

主な素材

ウール、ポリエステル

縫製のコツ

針は11号、糸は60番がおすすめ。
薄地でハリ感があり、ウールの中では縫いやすい服地。

お手入れのポイント

ウールは基本的に水洗いNGだが、水洗いできるものもある。洗濯は取扱い表示を参考にする。

Textile

サージ

Serge

用途　シャツ&ブラウス　スカート　パンツ　ワンピース　ジャケット&コート

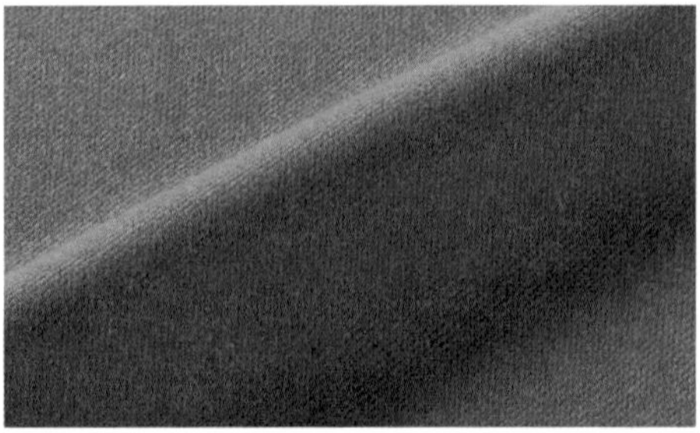

中程度の厚みの綾織物で、主にウールで作られます。織り目が詰まっていて耐久性があり、学生服や礼服の定番素材。ジャケット、スカート、パンツなどに向いています。

主な素材

ウール、綿、ポリエステル

縫製のコツ

針は11～14号、糸は60番がおすすめ。

お手入れのポイント

ウールは基本的に水洗いNGだが、水洗いできるものもある。洗濯は取扱い表示を参考にする。

Textile

ギャバジン

Gabardine

用途　シャツ&ブラウス　スカート　パンツ　ワンピース　ジャケット&コート

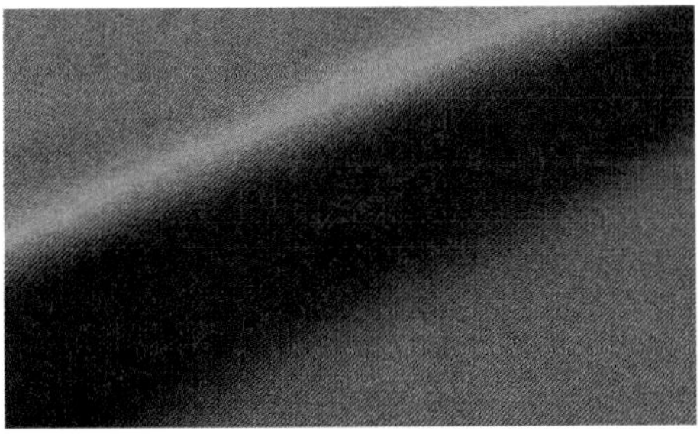

主な素材

綿、ウール、ポリエステル

縫製のコツ

針は11～14号、糸は30～60番がおすすめ。

お手入れのポイント

綿は基本的に洗濯機で水洗いOK。
ウールは基本的に水洗いNG。

織り目の詰まった中程度の厚みの綾織物で、表面に右上がりの畝があります。適度なハリ感としなやかさ、光沢感があり、幅広いアイテムに使われます。

Textile

サキソニー

Saxony

用途　シャツ&ブラウス　スカート　パンツ　ワンピース　ジャケット&コート

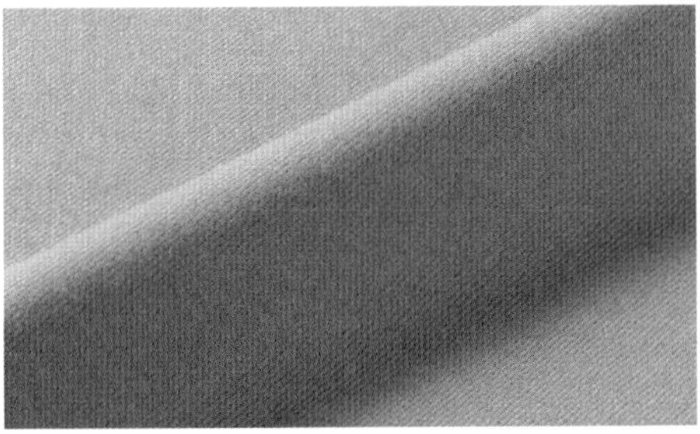

主な素材

ウール、ポリエステル

縫製のコツ

針は11～14号、糸は60番がおすすめ。

お手入れのポイント

基本的に水洗いNG。
日常的には、洋服ブラシでブラッシングして、汚れを取り除き表面を整える。

厚地から薄地まであり、軽く起毛していて保温性が高く、やわらかくしなやか。テカりやすく毛玉ができるのが欠点です。主に秋冬用のコートやスーツに使われます。

Textile

メルトン

Melton

用途 シャツ&ブラウス　スカート　パンツ　ワンピース　**ジャケット&コート**

ウール（紡毛糸）の平織物または綾織物で、縮絨をかけ表面を起毛させたもの。厚くかためでハリ感、重量感があります。保温性が高く、冬用コートの定番素材です。

主な素材

ウール、ポリエステル、ナイロン

縫製のコツ

針は11～14号、糸は30～60番がおすすめ。厚すぎずかたすぎないソフトメルトンが縫いやすい。毛並みの上下に注意し、一方向に裁断する。

お手入れのポイント

基本的に水洗いNG。日常的には、洋服ブラシでブラッシングして、汚れを取り除き表面を整える。

Textile

モッサ

Mosser

用途 シャツ&ブラウス　スカート　パンツ　ワンピース　**ジャケット&コート**

片面のみを縮絨・起毛して毛羽を短くカットしたもの。フェルトに似た風合いです。保温性が高く、冬用のコートに使われます。見た目より軽いのが魅力です。

主な素材

ウール、ポリエステル、ナイロン

縫製のコツ

針は11～14号、糸は30～60番がおすすめ。厚すぎない方が縫いやすい。毛並みの上下に注意し、一方向に裁断する。

お手入れのポイント

基本的に水洗いNG。日常的には、洋服ブラシでブラッシングして、汚れを取り除き表面を整える。

Textile

ビーバー

Beaver

用途　シャツ&ブラウス　**スカート**　**パンツ**　ワンピース　ジャケット&コート

長い毛羽を切り揃えてプレスし、たて方向に寝かせた、厚地の織物。光沢感とやわらかさがあります。冬用のコートのほか、厚すぎないものならボトムにも使われます。

主な素材

ウール、ポリエステル、ナイロン

縫製のコツ

針は11～14号、糸は30～60番がおすすめ。毛並みの上下に注意し、一方向に裁断する。

お手入れのポイント

基本的に水洗いNG。日常的には、洋服ブラシでブラッシングして、汚れを取り除き表面を整える。

Textile

シャギー

Shaggy

用途　シャツ&ブラウス　スカート　パンツ　ワンピース　**ジャケット&コート**

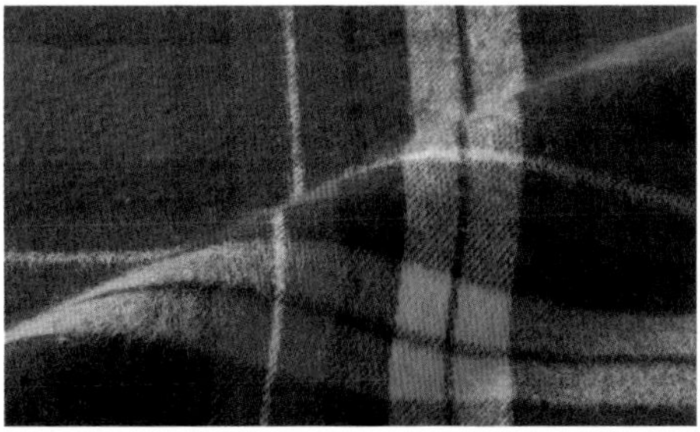

長い毛羽の厚地の織物。「シャギー」とは毛むくじゃらという意味です。心地よい肌触り、弾力性があります。毛が抜けたり汚れが絡まったりする欠点もあります。

主な素材

ウール、ポリエステル、ナイロン

縫製のコツ

針は11～14号、糸は30～60番がおすすめ。毛並みの上下に注意し、一方向に裁断する。

お手入れのポイント

基本的に水洗いNG。日常的には、洋服ブラシでブラッシングして、汚れを取り除き表面を整える。

「見本帳フォーマット」の使い方

お手持ちの服地で自分だけの「見本帳」を作ってみませんか？　服地の特徴を記録でき、在庫管理や追加購入に役立ちます。お店で服地を購入するときに持参すれば、厚みや質感を比較して選ぶこともできます。また、ソーイングの記録にも便利です。ぜひご活用ください。

Step1 フォーマットをダウンロードして印刷する

右の二次元コードから「見本帳フォーマット」PDFをダウンロードできます。
印刷は、A4もしくはB4サイズがおすすめです。

Step2 服地見本帳を作る

お手持ちの服地を切って貼り、下記を参考に情報を記入しましょう。

Textile…服地名、商品名、商品番号などを記入します。

服地…服地の一部を切り取り、貼り付けます。布の目の方向、表裏に気を付けましょう。貼り付けるのは服地の上部のみにすると、あとから手触りなど確認しやすいです。

「薄い／厚い」「落ち感／ハリ感」「反発感が弱い／反発感が強い」…本書を参考に、5段階で当てはまる場所に印を付けます。服地の特徴を意識し、よく知るきっかけになります。

生地…生地巾だけでなく、残りの長さも記入しておくと在庫管理に役立ちます。

素材…繊維名と混率を記入します。

memo…購入日、店舗、料金など購入時の情報や、洗濯方法など取り扱いに関する注意点なども記入しておくと便利です。

作品…制作した服についての情報を記入しましょう。パターンの型名・型番、制作年月日、イラストや写真、使用した針・糸・芯地・裏地など。また、縫製、着用してわかった服地の特徴などを記入するのもよいでしょう。

Step3 カテゴリーごとにまとめる

素材や色柄、厚さ、シーズン、アイテムなど、カテゴリーごとにシートを分けてファイリングしておくと、服地を選ぶときに探しやすく、特徴を比較しやすいです。

カテゴリー例：綿織物、ストライプ柄、薄地、夏物用、コート用など

作成見本

Textile

綿 / タイプライター (ベージュ)

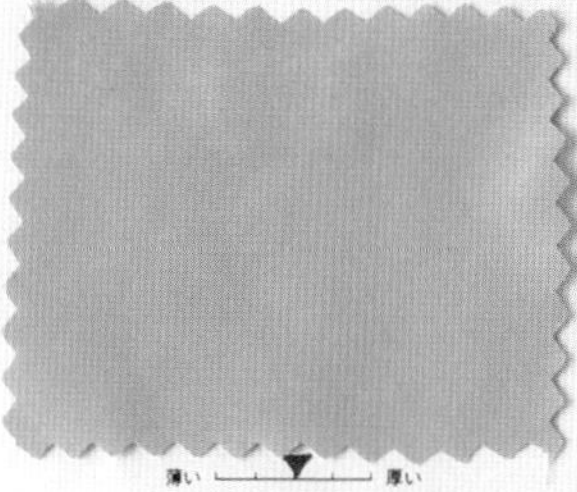

薄い — 厚い
落ち感 — ハリ感
反発感が弱い — 反発感が強い

生地幅
112cm × 3m → (残) 1m

素材
綿 100%
※ハリがある

memo
2024.6.1
セールイベントで購入
550円/m

作品 Aラインスカート
(MPL/S1806)
2024.6.5 完成

・服地 約2m使用
・1日で制作できた
・パリッとした服地で立体的なシルエットに仕上がってた

Textile

綿 / ブロード (ネイビー)

薄い — 厚い
落ち感 — ハリ感
反発感が弱い — 反発感が強い

生地幅
140cm × 4m → (残) 2.5m

素材
綿 100%

memo
2023年に購入
(A手芸店)

作品 ギャザーブラウス
(MPL/M217)
2024.3月 完成

・服地 約1.5m使用
・2日間でできた
・ギャザーがふんわり広がって狙いどおりのシルエットになった

Textile

ポリエステル、綿 / ツイル (チェック)

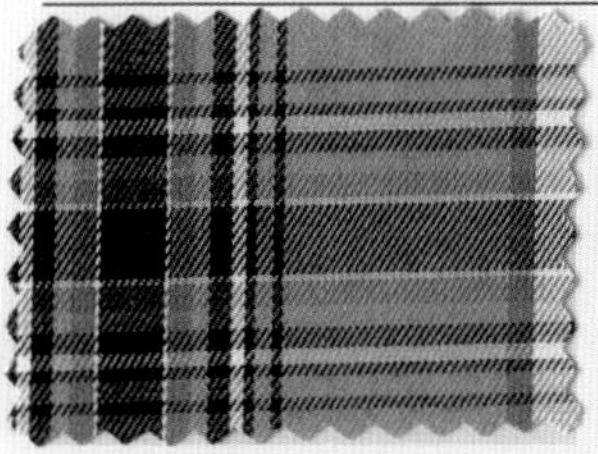

薄い — 厚い
落ち感 — ハリ感
反発感が弱い — 反発感が強い

生地幅
112cm × 4m

素材
ポリエステル 65%
綿 35%
※しなやかさがある

memo
・ウォッシャブル
・柄合わせのため多めに購入

作品
作りたいもの
・シンプルなワンピース
・共布ベルトを付けたい!
・柄合わせ必要

パターンに合うテキスタイルが選べる **服地事典**

Column 03

服地Q&A

Q. 厚い服地、縫い代をきれいに仕上げるには？

A. 縫い代の幅を細くするなど 仕様をアレンジしてみましょう

厚みのある服地の場合、服地が重なる縫い代部分はどうしても縫いづらくなります。ベルトやポケット、衿など細かい部分はごろごろしたり、裾などのカーブが急なデザインの場合は縫い代が折りにくくもたついたりと、仕上がりにも影響が。きれいに仕上げるには、デザインや仕様の合うパターンを選ぶ、また、自分でアレンジして作るとよいでしょう。

厚地でもきれいに仕上げるためのポイント

- ☑ ウエストはベルトでなく見返し始末にする
- ☑ 見返しは、中程度の厚みの別布を使う
- ☑ 縫い代の幅を狭くして、二つ折りにする
- ☑ 縫い代の幅を狭くできない場合は、布端を粗めのステッチで縫い、糸を引いて縮めると、きれいに仕上がる
- ☑ ポケットは、フラップや玉縁ではなく、パッチポケットやスラッシュポケットにする

例えば、P64のフレアースカートは、冬用コートに使われるビーバーで作られていますが、ウエスト部分は見返し処理ですっきりさせています。また、三つ折りにすると厚みが出てもたつく裾は、布端をロックでかがって二つ折りステッチ始末にしています。

Shop List of Textile

Part 4

服地を買う

01

Shop

CHECK&STRIPE

チェックアンドストライプ

日常に溶け込むシンプルな
コットン&リネンが豊富

国産のコットンやリネンの天然素材を中心に、肌触りと色付けにこだわったオリジナル商品を全国6つの店舗とオンラインショップで販売。シンプルで上質な生地は、生活に取り入れやすい風合いのものばかり。リネンはカラーが豊富で、様々な厚みのものを取り扱っています。知識豊富なスタッフが、相談にのってくれるので生地選びも安心。服地とデザインを選び洋服をオーダーできるサービス「THE HANDWORKS」や、各店舗のワークショップも人気です。

生地以外にも、海外で仕入れたボタンやアップリケなど小物も取り扱う

人気の定番シリーズ

左からドットミニヨン、海のブロードにスイートスカラップ、ティアドロップスツリー

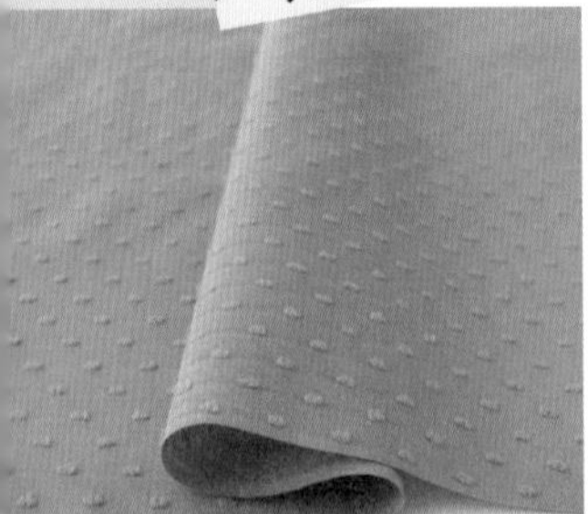

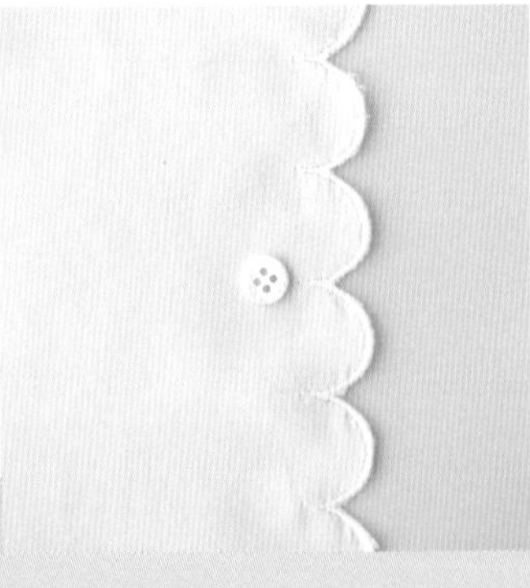

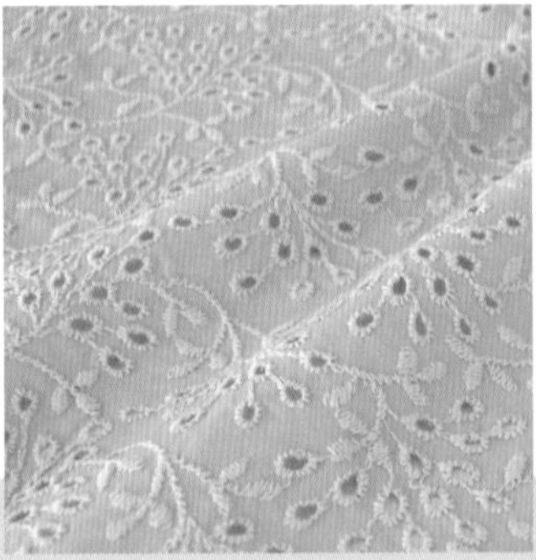

プリントや無地を組み合わせた人気のカットクロスセット

ワークショップが開催される地下のスペース（芦屋店）

/ 全国に6店舗展開 /

リバティ・ファブリックスなど人気のコットンプリントが並ぶお洒落な店内（福岡薬院店）

information

実店舗

神戸店：兵庫県神戸市中央区三宮町2-6-14　**TEL** 078-381-8824
fabric&thigs（芦屋）：兵庫県芦屋市松ノ内町4-8-102　**TEL** 0797-21-2323
自由が丘店：東京都目黒区緑が丘2-24-13-105　**TEL** 03-6421-3200
吉祥寺店：東京都武蔵野市吉祥寺本町2-31-1　**TEL** 0422-23-5161
little shop（鎌倉）：神奈川県鎌倉市由比が丘2-16-1　**TEL** 0467-50-0464
福岡薬院店：福岡県福岡市中央区薬院1-4-8-1F　**TEL** 092-791-4144

WEB　https://checkandstripe-onlineshop.com/

販売単位　オンライン50㎝〜／10㎝単位、実店舗：50㎝〜／10㎝単位　※リバティ・ファブリックス30cm〜／10cm単位

生地サンプル　あり（WEBサイトよりお問い合わせください）

Shop 02

fab-fabric sewing studio

ファブファブリックソーイングスタジオ

風合いのいい天然素材の無地服地を多数セレクト

“DO IT OURSELVES”（みんなでつくろう）をテーマに、ソーイングを楽しむ人の視点でセレクトした生地やオリジナルパターンを販売するほか、ソーイングスクールやワークショップも開催。リネン、コットン、シルク、ウールなど天然素材の無地服地を中心に、店舗には常時2000点以上をストックしています。オンラインショップでは約1500点を掲載し、新商品も随時更新。アウトレット品やカットクロスも人気です。

／コットン&リネンが充実／

1

2

1 ワッシャー加工を施したリネンコットンシーチング。くったりやわらかな手触り

2 リネンキャンバスは、素肌に着られるやわらかさ。用途が広くカラーも豊富なので、作品販売用にリピート購入する人も多い

／作例や縫製のコツも紹介／

コットンローンで製作したワンピース。WEBには「製作のヒントとアイデア」を盛り込んだ作例集を掲載

棒巻された布地は、中央のテーブルで広げて見ることができる

6か月単位のソーイングスクールも開催していて、毎年6月・12月に先着順で受け付ける

information

実店舗 福岡県福岡市南区長丘5-24-22
長丘EMビル2F
TEL 092-552-2323
WEB https://fab-fabric.com/
販売単位 50㎝～／10㎝単位
生地サンプル 1点110円（送料別）

Shop 03

IBAMOTO HONTEN

イバモト ホンテン

糸で描いた絵画のような オリジナルテキスタイル

テキスタイルデザイナー・藤岡あやねさん主宰のブランド。藤岡さんがデザインから糸選び、構造や仕上げにまでこだわり、国内の職人さんと手間ひまかけて織り上げた生地を販売。「日々の心を彩る、ふれて、身にまとう絵画」をコンセプトにした生地は、糸で絵を描いたような立体的で奥行きのある絵柄が魅力。オリジナルのデザインはもちろん、播州織を中心にオールシーズン使いやすい素材や風合いにもこだわった唯一無二の生地が揃います。

高度な職人技術で織られたオリジナルテキスタイルの数々

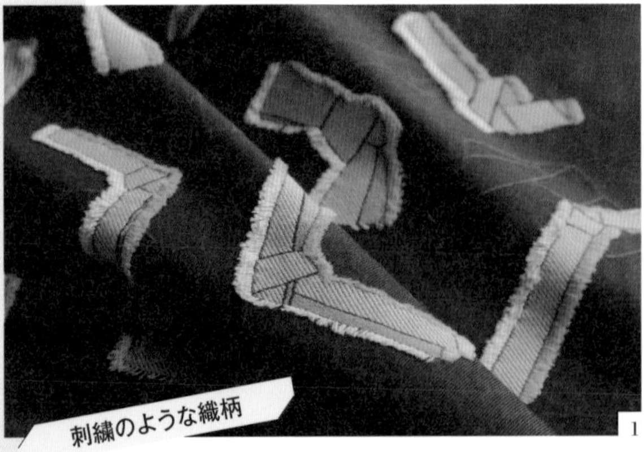

刺繍のような織柄

1

2

3

1 地模様とカットジャカードのふたつの表現を楽しめる「結び」

2 「実り」シリーズの“柿”。織り方に変化をつけ、実の立体感を表現

3 鳥たちの飛び交う自由な姿を表現した、軽やかな風合いの「羽ばたき」

上品な光沢もつジャカード織

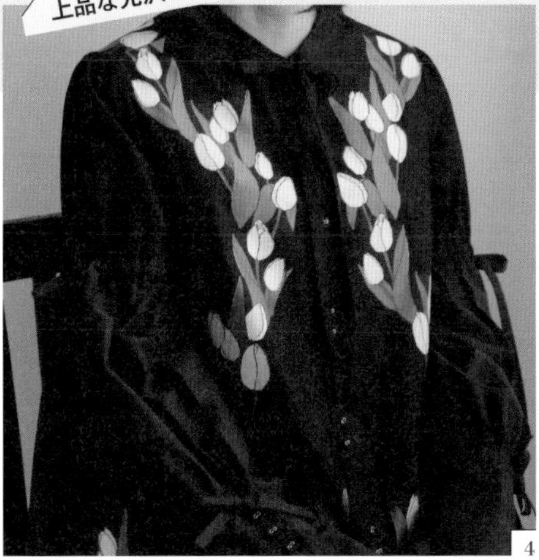

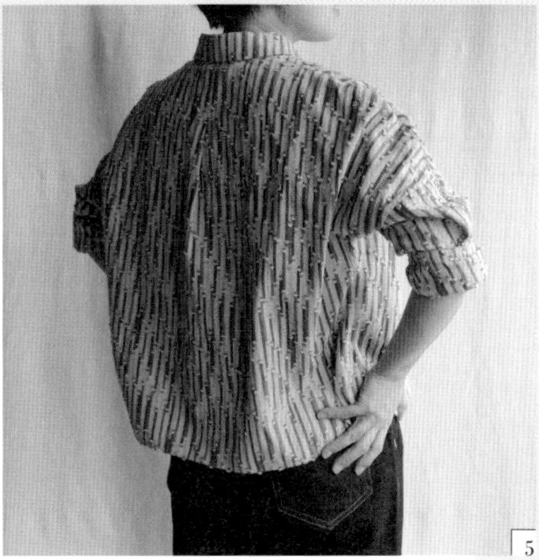

4 ロングセラーの「チューリップ」。大きな柄をいかしたワンピースや子どもの入学式用など、特別な日の装いにもおすすめ

5 飛び出る糸が特徴のカットジャカード技法を用いた「めばえ」

オープンアトリエやイベントでは、テキスタイルを使ったバッグやシャツなども展示販売

information

実店舗　なし ※不定期でオープンアトリエ（東京都台東区）、イベント販売あり

TEL　非公開

WEB　https://www.ibamotohonten.com/

販売単位　50㎝～／50㎝単位 ※オープンアトリエ時は10㎝～／10㎝単位

生地サンプル　なし

Shop 04

NOMURA TAILOR

ノムラテーラー

満足感の高い品質と価格が魅力の老舗

京都で2店舗を構え、長年愛されている手芸店。3フロアからなる本店には、ソーイング初心者から上級者までの幅広いニーズに応えるバリエーション豊富な生地や副材料が揃います。本店2階は、上質なコットン生地やリネン、ポリエステルなどの化繊、ウール生地のほかに、特徴のあるインポート生地や衣装系生地など、服作りに適した服地が充実。1万点以上のアイテムを取り扱うオンラインショップもあります。

1

2

1 京都のメインストリート・四条通りに面した本店

2 無地のリネンは様々な種類やカラーを扱う

ファンシーツイードもバリエーション豊富

／幅広いジャンルの生地が揃う／

定番服地や衣装系の生地が並ぶ本店2階

寺町店は、ワンフロアで生地と副資材を一緒に購入できる。プリント生地やカットクロスが充実

／ 雑貨店のような雰囲気

パッチワークや小物作りに便利なプリント柄のカットクロス

お得で人気の50㎝カットクロスコーナー（寺町店）

カジュアルな外観の「NOMURA　TAILOR HOUSE」寺町店

information

実店舗
　四条本店：京都市下京区四条通麩屋町東入ル奈良物町362　**TEL** 075-221-4679
　寺町店：京都市中京区寺町通錦上ル円福寺前町278　**TEL** 075-212-8707
WEB　https://www.nomura-tailor.co.jp/
販売単位　30㎝～／10㎝単位　※オンラインショップでは10㎝～／10㎝単位
生地サンプル　実店舗は相談可・要問い合わせ、WEBはなし

Shop 05

jasmin

ジャスミン

アパレル向け高級服地を お求めやすい価格で提供

一流アパレルメーカーで使用されている綿、麻、シルクなどの高級生地・服地を独自のルートで仕入れ、お手頃価格で提供。素材や柄のバリエーションも充実しており、リネン、コットンは、随時100種類以上をストックしています。国内の職人たちがこだわりを持って作った生地も積極的に取り扱うほか、インポートのウールやコットンプリントなども多数。新商品入荷を知らせるお店のSNSは要チェックです。

生地だけでなく、メンズ・レディースウエア、バッグの製作販売も行っている。店の生地を使用した商品は仕上がりの参考にもなると、生地購入者から好評

オリジナルのアパレルも好評 /

コットンリネンのランダムストライプ生地と色とりどりのイタリア製ウール（写真上）。新入荷の生地をはじめ、たくさんの生地が置かれている店内（写真下）

インポートが充実

1

2

1 イタリア製のウール100%の服地

2 魚柄の型染め。フランスからのインポート

information

実店舗 京都市東山区大和大路通り四条下る四丁目小松町564-1
TEL 075-531-9455
WEB https://www.open-jasmin.com/
※オンライン販売はなし
販売単位 50㎝～／10㎝単位
生地サンプル なし

Shop 06

RRR MATERIAL PROJECT

アール・マテリアル・プロジェクト

繊維産地の貴重なサンプルやデッドストックが集まる

日本を代表する織物の産地・尾州で、地元企業が抱える残反や残糸を販売するイベントからスタートしたプロジェクト。現在は、繊維組合のレトロビル「Re-TAiL」内に店舗を構え、国内外のハイブランドで採用される上質なテキスタイルをはじめ、一般には流通しないサンプル反やデッドストックなど、新旧様々な繊維素材を販売しています。意匠糸をふんだんに使ったファンシーツイードなど、ほかでは入手しづらい生地も豊富に揃います。

築90年の歴史ある建物。ファッションやデザイン関係のショップやアトリエが集まる

／世界が認めるウール産地／

1 おすすめは、尾州で生まれた織物、ファンシーツイード

2 ヴィンテージ素材が充実しているのもこのお店ならでは。掘り出し物が見つかるかも

3 世界的に知られるウール製品の産地ならではの品揃え

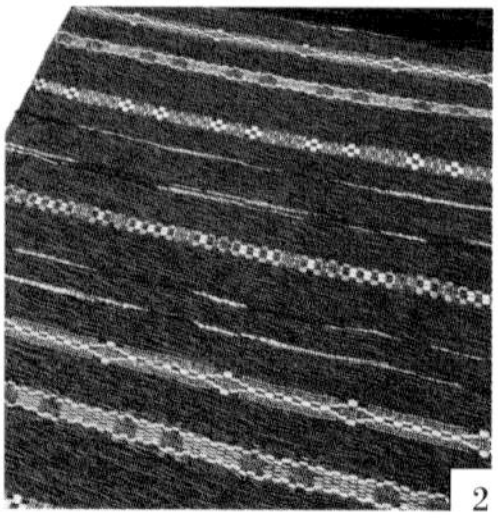

生地ロールが山積みされている店内。イベントやハンドメイドのワークショップも開催している

デッドストック生地だけでなく、残糸も扱う。ウールやファンシーヤーンが多い

/ いろいろな糸も尾州産 /

information

実店舗　愛知県一宮市栄4-5-11Re-TAiL1階
TEL　0586-59-2105（Re-TAiL）
WEB　https://re-tailonline.stores.jp/
販売単位　10㎝～／10㎝単位、セール品は1m～／10㎝単位　※オンラインショップ50㎝～／50cm単位
生地サンプル　なし

Shop 07

abeille nora official shop

アベーユ ノラ オフィシャル ショップ

**プリントが10,000種！
新柄は毎月更新**

　デジタルプリントならではの斬新で大胆なデザインが人気の生地ブランド「nora.」を中心に、綿100%のプリント生地を豊富に揃えるショップ。植物柄に動物柄、チェックやストライプ、幾何学模様など様々な柄が揃い、毎月200柄近い新商品をアップしています。「モリスコレクション」「moda fabrics」などインポートも充実。毎週金曜と第3土曜は、大阪・船場で実店舗をオープンしていて、気になる生地を実際に手に取って選ぶこともできます。

クラシックな花柄など、シックなカラーやデザインも充実。

／人気のnora.のプリント／

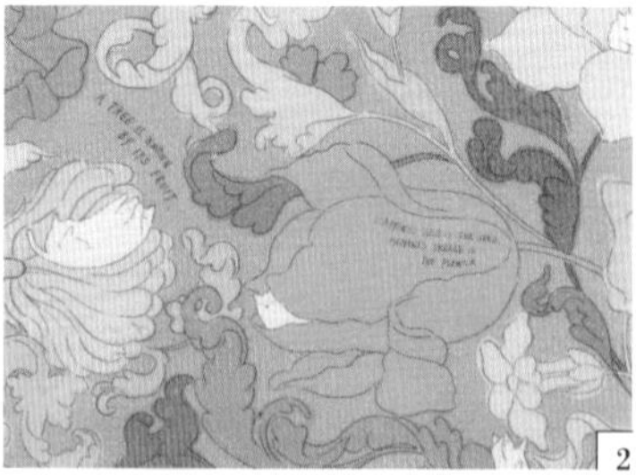

1 オレンジとブルーのチェックにフラワー柄を重ねた人気商品

2 レトロタッチの花の中に隠れた白猫がキュート

3 個性的ながらも、チェック×グリーンベースで使いやすい

/ 個性的なプリントが魅力

大胆なプリントをお洒落に使ったオールインワンやスカート。nora.のインスタグラムでは、いち早く、様々な作品例をチェックできる

週1回オープンする大阪・船場センタービルの実店舗（P218）では学割も実施している

information

実店舗　大阪府大阪市中央区船場中央3丁目2-8-B151号船場センタービル8号館 北通り 地下1階 ※金曜・第3土曜のみ営業
TEL　06-4300-3032 ※営業日のみ対応
WEB　https://shop.abeille.me/
※本書購入者限定クーポン［アベーユ2024］あり
販売単位　50㎝～／10㎝単位
生地サンプル　ネットショップ会員・ご来店の方は無料

Shop 08

ASAKI TEXTILE NET

アサキテキスタイルネット

先染めならではの味わいが 楽しめる国産生地が充実

織物の産地で知られる新潟・見附の老舗の卸「浅記」が手がけるオンラインショップ。すべてを自社で企画・デザインし、産地の職人による高度な技術で作られた生地はどれも高品質。先染め織物を中心に、無地、チェック、ストライプなど様々な色柄を取り揃えています。中でも、新潟で育まれた技法のスペック染め、ツイード感を出したジャズネップ、毛足の長い綿シャギーなど、表面変化にこだわった肌触りのよい生地が充実しています。

ステッチドビー入りの綿麻のキャッチングボイル。シボ感やシワ加工の表面変化が魅力

チェック柄が豊富

1 毛足の長いシャギー起毛加工でウォーム感をプラスしたタータンチェック

2 中厚地のジャズネップ起毛は、アウター用に人気

さらりとした肌触りが特徴の綿麻強撚ボイルキャッチングワッシャー。放湿性もあるので夏におすすめ。

/ 高品質の先染め /

色の違う糸を組み合わせて柄を織りあげる先染めの製造工程

information

実店舗　なし
TEL　0258-62-4637
WEB　https://www.asaki-k.co.jp/shopping2.html
販売単位　1m～／1m単位
生地サンプル　1点100円（送料無料）

Shop 09

sol pano

布地のお店 ソールパーノ

トレンドを先取りした
多種多彩な生地が揃う

多くのアパレルメーカーに生地を卸している繊維商社「サンウェル」が運営するオンラインショップ。服地向けの生地を中心に、1000品番10000色以上もの生地を取り揃えています。アパレルメーカーが使用する生地を取り扱うため、トレンドには敏感。注目の素材や色を季節先取りで紹介しています。SDGsの取り組みで販売するハギレの格安セットも人気。季節やアイテム別の生地サンプル帳もあるので、オンラインでも安心して買い物ができます。

1

2

1 コットン100％ローン生地に刺しゅうを施したレース生地

2 さらっとした手触りのカットソー

ウール素材も豊富

ふんわりと軽い風合いが魅力のウールガーゼ。各種チェック柄やくすみカラーなど幅広く揃えている

充実のカラーバリエーション /

無地の綿麻シーチングは、洗い晒しのようなシボ感とやわらかさが特徴。涼しげなブルー系、くすみカラーなど幅広いカラーが揃う

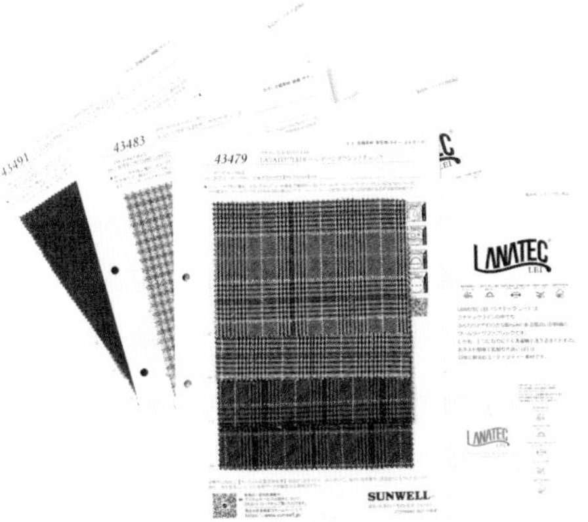

生地の風合いや色が確認できるサンプル帳は取り寄せが可能

information

実店舗 なし
TEL 06-6233-1329
WEB https://www.sunsquare.shop/f/solpano
（楽天店・Yahoo!ショッピング店あり）
販売単位 1m～／50㎝単位
生地サンプル サンプル帳440円（送料込み）

Shop 10

KOMONKOUBOU.WEB

小紋工房

表情豊かな合成繊維は すべてメイドインジャパン

テキスタイルメーカー「宇仁繊維」が展開するオリジナル生地を扱うオンラインショップ。国内生産にこだわった高品質の生地は、30か国以上に輸出されており、世界のハイブランドも採用しています。ポリエステルを中心とした合繊素材をはじめ、綿やシルクの天然繊維、レースやニットなど、多様なニーズに応える約35000種類ものテキスタイルが揃います。自社開発の独特なシボ感を加えた「ミラクルウェーブ」など、加工を施した生地も人気です。

1

2

3

1 ストレッチ性のある先染めツイード。パンツやワンピースにおすすめ

2 立体的な柄が魅力のカットジャカード。他にも幾何学模様や花柄などバリエーション豊富

3 透け感あるオーガンジーにフロッキー加工を施したデコラティブなテキスタイルも

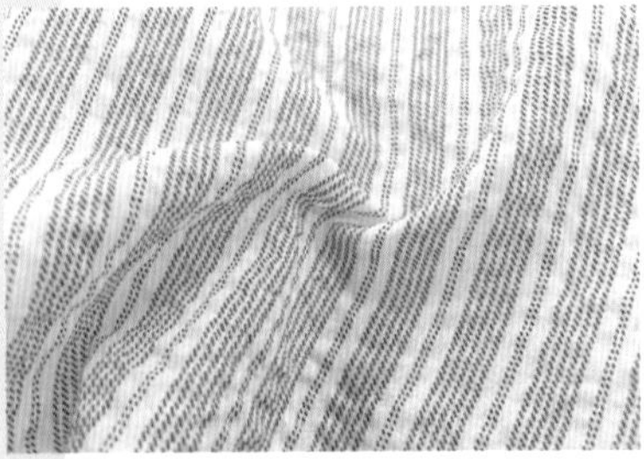

人気のミラクルウェーブ

完全耐久性シワ加工「ミラクルウェーブ」は、程よいハリとシボ感が特徴

/ 国内外にショールームを展開

東京・大阪・名古屋・上海にそれぞれショールームを開設。サンプル帳の取り寄せも可能

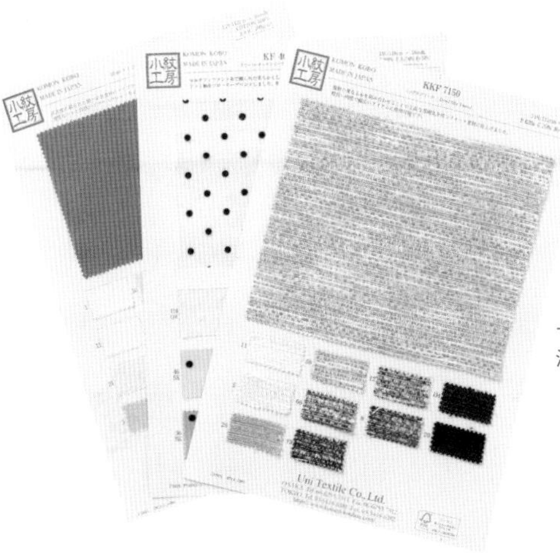

サンプル帳はWEBで注文できる

information

実店舗 なし
TEL 大阪06-6253-7310 東京03-5414-6381 名古屋052-950-7011
WEB https://komon-koubou.jp/
販売単位 50cm～／50cm単位
生地サンプル サンプル帳（会員のみ注文可）

TOKYO

手芸店・生地問屋が集まる

繊維街へ行こう

世界にも知られる日本の繊維街、
東京・日暮里と大阪・船場をご紹介します。
ソーイング好きなら一度は訪れたい、
そして、何度でも通いたくなる街です。

東京・荒川区

Nippori

日暮里

世界も注目する日本最大級の繊維街

日暮里中央通りを中心に、繊維製品、服飾小物や型紙、ハンドメイド資材、さらにはレンタルミシンサービスまで90軒以上の専門店が集まる繊維街。メインストリートはもちろん、通りの奥や裏通りにも魅力的な店舗が多数あるので、散策しながら買い物が楽しめます。近年では、“ソーイングを楽しむ人の聖地”として世界からも注目されています。

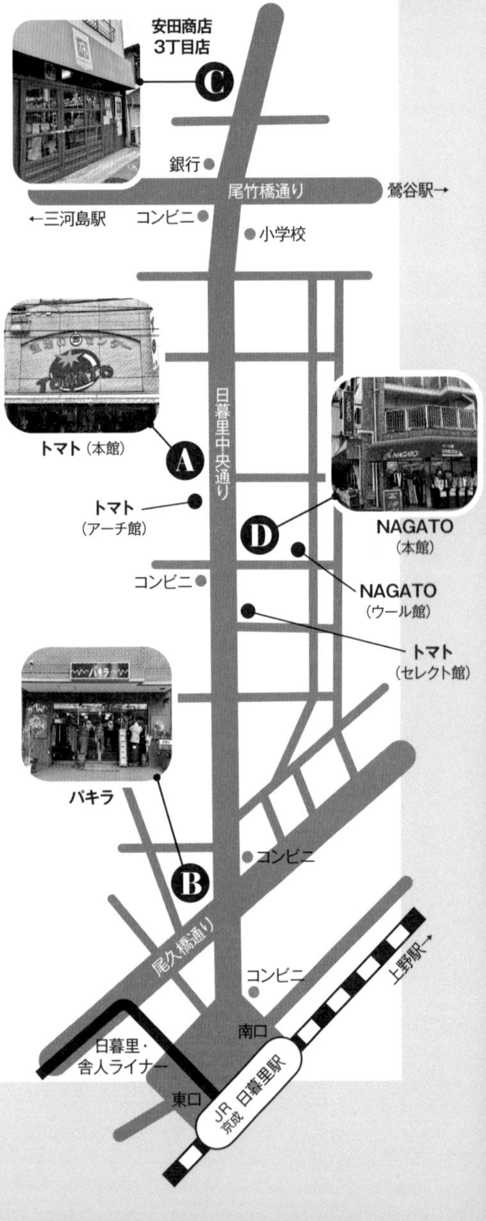

information

日暮里繊維街
アクセス JR日暮里駅・京成日暮里駅より徒歩3分、JR三河島駅・鶯谷駅より徒歩5分
WEB https://www.nippori-senigai.com/ ※WEBサイトでは、各店舗紹介やセール情報を配信

日暮里 A

トマト

**売り場面積は日暮里イチ！
生地の専門デパート**

日暮里に5店舗を構え、圧倒的な品揃えとリーズナブルな価格で人気の店。服地を購入するならまずは本館、アーチ館、セレクト館へ。本館は、コットンやニット生地、高級服地などが1階から5階までのフロアごとに展開されており、プロから初心者までの幅広いニーズに応える、多種多様な生地を取り揃えています。アーチ館の激安コーナーも大人気です。

アーチ館の「1m／110円（税込）」コーナーは、掘り出し物を探す買い物客で連日賑わう

セレクト館では、リントンツイードなど高級服地も取り扱う

国産のエンブロイダリーレースなど、レース生地も多数（本館1階）

壁一面に並ぶコットンプリントは圧巻の品揃え。カットクロスも充実（本館5階）

information

実店舗 東京都荒川区東日暮里6-44-6（本館・アーチ館）、東京都荒川区東日暮里5-33-8（セレクト館）
TEL 03-3805-2366（本館）、03-5850-3084（アーチ館）、03-6806-6225（セレクト館）
オンラインSHOP https://www.nippori-tomato-onlineshop.com/
販売単位 50㎝～／10㎝単位
サンプル なし

日暮里 B

パキラ

定番から新作まで多彩な
リバティ・ファブリックスが揃う

リバティ・ファブリックス正規取扱店で、定番のタナローンをはじめ、新作やシーズンコレクションなど、その品揃えは500種以上。バラエティに富んだ柄や色はもちろん、フランダースリネンや帆布、コーデュロイなどの素材も充実。ほかにも、先染めやリネン、ウールなど高品質な生地が豊富です。

定番のタナローンだけでも300種類以上ある

店内では販売する服地を使用した衣類や雑貨などの作品例も展示

棚と壁に服地が並ぶ店内。ソレイアードの取り扱いもあり

ラミネート加工のリバティも豊富。ショップオリジナルのガーゼや限定柄もある

information

実店 東京都荒川区東日暮里6-58-5
TEL 03-3891-8990
オンラインSHOP https://www.rakuten.co.jp/nippori-pakira/
販売単位 実店舗：10㎝～／10㎝単位
オンラインSHOP：30㎝～／10㎝単位
サンプル なし

日暮里 C

安田商店3丁目店

多くのプロが通う
綿と麻の専門店

リネンの品揃えと品質の高さに定評がある店。独特の色味とやわらかな肌触りで人気の天日干しリネン、タンブラー乾燥を施したリネンTBOなど、オリジナル品が豊富です。デニム、キャンバス、先染めや変わり織りなども揃い、リネンを探すならまずここがおすすめ。

ショップオリジナルカラーが揃う「リネンTBO」（写真上）。店内には洗いをかけたサンプルがあり、使用感をイメージしやすい

information

実店舗　東京都荒川区東日暮里3-28-5
TEL　03-3803-1656
販売単位　1m～／10㎝単位
サンプル　なし

日暮里 D

NAGATO

圧倒的な品揃えを誇る
ウール生地専門館

本館、2号館、ニット館、ウール館の4店舗を展開。中でも、国産ウールを多数扱うウール館は、日暮里屈指の品揃え。様々な素材や厚さが揃う高品質のコート生地は、プロが買い付けにくるほど。珍しいファンシーツイードやベルベットなども扱っています。

服地全般を扱う本館には、タータンチェックが多数揃う。2号館やニット館では、ニットのほか、変わり織り生地も充実

information

実店舗　東京都荒川区東日暮里5-32-9（本館）、東京都荒川区東日暮里5-32-6（ウール館）ほか
TEL　03-3806-3637（本館）、03-6806-5132（ウール館）
販売単位　1000円以上50㎝～／10㎝、1000円以下1m～／10㎝
サンプル　3点以上～無料送付

大阪・大阪市

船場

Semba

服地やハンドメイド資材の 繊維卸問屋が集まる巨大施設

船場は、古くから繊維や雑貨などの問屋街として発展してきた商業エリア。現在は、地下鉄本町駅から堺筋本町駅に沿って東西約1kmに1号館から10号館が並ぶ商業施設「船場センタービル」内に、生地や服飾資材などの卸問屋が集結し、大阪最大級の繊維街となっています。一般客が利用できるお店が多数あり、手頃な価格で買い物することができます。

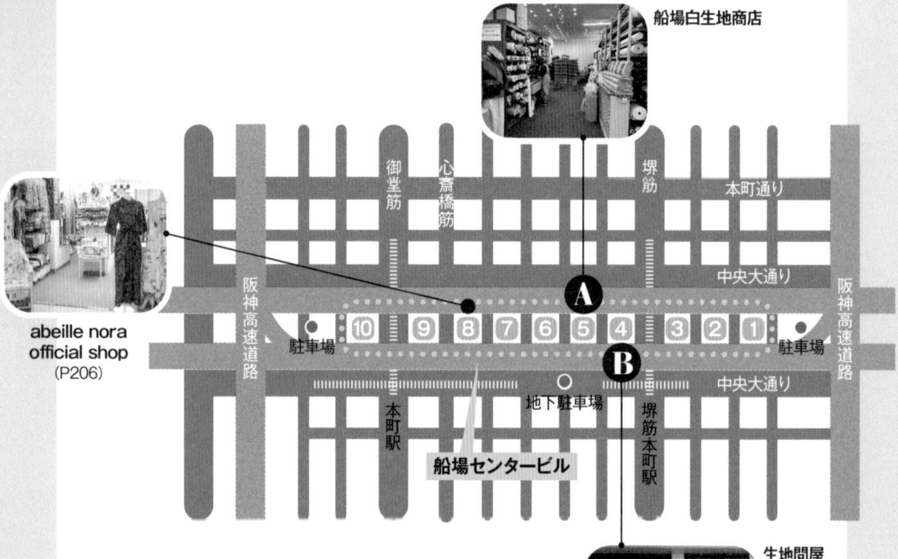

生地問屋
YAMATOMI

information

船場センタービル
アクセス 御堂筋線本町駅・堺筋線堺筋本町駅・中央線本町駅または堺筋本町駅より直結
WEB https://www.semba-center.com/

船場 A

船場白生地商店

**オリジナルの綿・麻が豊富！
リーズナブルな価格も魅力**

白生地専門の大江商店が展開するサブブランドショップ。糸や織り方、染色まで自社で企画したこだわりのオリジナルリネンやコットンを多数扱うほか、プリント生地や服地も豊富。LINTONツイード、ウィリアムモリスは正規取扱店ならではの品揃えです。

卸問屋も兼ねる店内には、生地ロールが積み上がる

information

実店舗　船場センタービル5号館1階（北通り）
TEL　06-6264-2888
販売単位　50㎝～／10㎝単位※LINTONツイードは30cm～／10㎝単位
サンプル　10㎝300円※LINTONツイードを除く

Instagram

船場 B

生地問屋 YAMATOMI

**定番から高級生地まで
12000種以上の品揃え！**

1946年創業の生地問屋。船場センタービルには事業者・個人事業主限定のショールームがあります。オンラインショップは誰でも利用でき、綿、リネンなど天然素材をはじめ、大手アパレルメーカーも使用する高品質の服地など、約12000種を取り扱っています。

船場センタービル4階のショールームは、事業者・個人事業主の利用が可能（予約制）。

information

ショールーム　船場センタービル4号館2階（個人事業主・法人限定）
TEL　050-1751-6030
オンラインSHOP　https://yamatomi.biz/
販売単位　1m～／1m単位 ※別途カット手数料あり
サンプル　一般のかたは5部まで無料

ソーイング用語集

あ

【アームホール】
身頃と袖を縫い合わせるときの、身頃の接合部分。袖ぐり。

か

【カフス】
シャツやブラウスなどの袖口に付けられた帯の部分。

【着丈】
丈の長さのこと。

【ギャザー】
服地を寄せてひだを作ること。また、そのひだのこと。

【切り替え】
服地を縫い合わせること。また、縫い合わせた部分のこと。

【剣ボロ】
袖口の切り込み部分に縫い付けられた細長い当て布のこと。また、その方法。

【混紡】
2種類以上の異なる繊維素材を組み合わせて紡績すること。異素材を組みわせることで、単素材では得られない機能性や風合いが出せる。

さ

【始末】
糸端や布端などの最後の処理をすること。

【シャーリング】
布を縫い縮めてギャザーを作る技法のこと。「ひだを付ける」を意味するシャー（shirr）が語源。

【スラッシュポケット】
服地に切り込みを入れたり縫い目を利用したりして作るポケット。

【接着芯】
アイロンの熱で接着することで、服地に厚みやハリ感を出す芯地のこと。片面または両面に特殊な樹脂がついている。素材は綿、シフォン、不織布など様々ある。服地のハギレなどに貼ってみて、理想の厚みとハリ感になるものを選ぶとよい。

【セットインスリーブ】
基本的な袖付けの方法で、アームホールに袖を付けること。また、その袖のこと。

【センタープレス】
パンツの中央に腰から裾にかけて入れる1本の折り目のこと。たてのラインが強調されることで、脚長効果が期待できるほか、折り山がパターンに立体感をもたせ、シルエットを美しく見せる効果もある。

【袖丈】
袖の長さのこと。

た

【ダーツ】
身体の凹凸に合うように立体感を出したり、デザイン効果のために服地の一部をつまんで縫い合わせる仕様のこと。

【台衿】
衿の土台になる、首に添う帯状の部分のこと。

【タック】
幅にボリュームを出したり、デザイン効果のため、服地の一部をつまんでひだを作る仕様のこと。

【玉縁ポケット】
服地に切り込みを入れて、裁断した共布などで縁どって作るポケット。

【ドレープ】
服地に自然にできるひだ、たるみのこと。

な

【縫い代】
服のパーツ同士を縫い合わせるために必要な布端に余分につける部分。

は

【バイアス】
「斜め、斜線」の意味で、織物のたて・よこに対して、斜め45度の方向のこと。

【パターン】
衣服を作るときの型紙のこと。

【パッチポケット】
外側から服地を縫い付けて作ったポケットのこと。

【番手】
糸の太さを表す単位のこと。数字が小さいほど糸は太く、数字が大きいほど糸は細くなる。

は

【ブラッシング】
服にブラシをかけること。毛織物の場合は、アイロンでプレスすると毛足がつぶれて（寝て）しまうため、ホームケアでは、ブラシで毛をほぐし、整えるとよい。摩擦により光沢がでてきてしまった服地も、ブラッシングにより、光沢を抑えることができる。

【フラップ】
「ひらひらたれ下がる」という意味があり、ポケットの口の部分を覆うように付けられたふた状の服地のことなどをいう。

【プリーツ】
折りたたんで作るひだのことで、加工やアイロンで折り目がきっちり付けられているのが一般的。

【プルオーバー】
頭からかぶって着る服のこと。

【フレンチスリーブ】
身頃と袖の切り替えがなく、身頃からそのままつながった袖のこと。

【ボタンホール】
ボタン穴。ボタンを通すために開けた穴のこと。

ま

【前立て】
シャツのボタンを付ける部分など、前身頃の前開きに付ける細長い服地や、その部分のこと。

【見返し】
前合わせや衿ぐり、ウエストなどの裏側に付ける布のこと。

【身頃】
衣服の身体の前後を覆う部分。それぞれ前身頃、後ろ身頃。

【身幅】
身頃の幅のこと。

ら

【ラグランスリーブ】
首元から脇の下にかけて切り替えが入った袖のこと。

Part3 制作協力

諸岡晴美

富山大学名誉教授、京都女子大学研究教授（2024年5月時点）。1987年奈良女子大学博士号取得（学術博士）。その後、富山大学助教授（准教授）、教授。退職後、京都女子大学教授。専門は、衣服材料学、衣環境学、感性工学。特に、衣服材料が人の生理生体に及ぼす影響から健康で快適な衣服設計について研究している。

服地協力

ASAKI TEXTILE NET　https://www.asaki-k.co.jp/shopping2.html
abeille nora official shop　https://shop.abeille.me/
IBAMOTO HONTEN　https://www.ibamotohonten.com/
KOMON KOUBOU.net　https://komon-koubou.jp/
sol pano　https://www.sunsquare.shop/f/solpano
CHECK & STRIPE　https://checkandstripe.com/
（五十音順）

衣装協力

株式会社栗原　https://www.kurihara-corp.com/
株式会社ダブルエー　https://www.wa-jp.com/
（五十音順）

参考文献

『アパレル素材服地がわかる事典』野末和志・著（日本実業出版社）
『衣服材料の科学』島崎恒蔵・編著　團野哲也／林正之／森俊夫・共著（建帛社）
『新ファッションビジネス基礎用語辞典』（チャネラー）
『服地の基本がわかるテキスタイル事典』閏間正雄・監修（ナツメ社）
『ファッション辞典』文化出版局・編、大沼　淳、萩村昭典、深井晃子・監修（文化出版局）
（五十音順）

監修

Mパターン研究所

「パターンが良ければうつくしい服が作れる。せっかく作るなら既製服よりもうつくしい服を」をテーマに、アパレルメーカー数社で経験を重ねた丸山雅巳、丸山由佳里が1999年にスタートしたパターン屋。知識や技術のない初心者でもプロのシルエットの洋服を仕立てられるパターンと作り方の説明書を制作。インターネットや全国の手芸店で販売している。

https://www.m-pattern.com/

Staff

ブックデザイン　松永路　草野リカ
撮影　鏑木希実子　天野憲仁
モデル　ケルク・ハナ
イラスト　小池百合穂
校正　前田毅
編集　大島佳子
編集協力　山嵜マ紀

パターンに合《あ》うテキスタイルが選《えら》べる

服《ふく》地《じ》事《じ》典《てん》

2024年 6 月20日　第1刷発行
2024年10月10日　第2刷発行

監修者　Mパターン研究所《けんきゅうじょ》
発行者　竹村　響
印刷所　TOPPANクロレ株式会社
製本所　TOPPANクロレ株式会社
発行所　株式会社 日本文芸社
〒100-0003　東京都千代田区一ツ橋1-1-1 パレスサイドビル8F

Printed in Japan
112240613-112240926 Ⓝ 02（201123）
ISBN978-4-537-22208-1

編集担当　和田